Linde und Hag

Carlheinz Gräter

Linde und Hag

Eine kleine Kulturgeschichte von Baum und Strauch

DRW-Verlag

ISBN 3-87181-382-6

Umschlag/Gestaltung: Peter Stecher
Gesamtherstellung: Karl Weinbrenner & Söhne GmbH & Co.

Titelbild: Ausschnitt aus dem Gemälde »Die Rast der Pilger« (1839) von Ludwig Richter (Bremen, Kunsthalle; Foto: AKG Berlin)

Bildquellen: Die Abbildungen wurden im wesentlichen folgenden Werken entnommen:
Hieronymus Bock: Kreutterbuch. Straßburg 1577. (Reprint im Verlag Konrad Kölbl 1964.)
Leonhart Fuchs: New Kreüterbůch. Basell 1543.
Ernst August Roßmäßler: Der Wald. Leipzig und Heidelberg 1871.
Jacobus Theodorus Tabernaemontanus: Neu vollkommen Kraeuter-Buch. Basel 1731.

Bestellnummer: 382

Inhalt

Bäume sind die ältesten, Bäume sind die mächtigsten Lebewesen auf unserer Erde. Als Zeitgenossen verschollener Jahrhunderte ragen sie in unsere Gegenwart, bewegte, bewegende Monumente, handgreiflich nahe und merkwürdig entrückt in einem. In seinem Wachstum, seiner aufrechten Gestalt war der Baum immer Gleichnis, in seiner Generationen überdauernden Gelassenheit, seinem Übermaß immer auch Gegenpol unseres vergleichsweise flüchtigen Daseins. Erdverwurzelt, lichtstrebend, immergrün oder immer wieder austreibend, Spender von Bauholz, Feuerholz, Werkholz, Waffenholz, von Laub, Rinde, Früchten und Saft ist der Baum zum Sinnbild des Lebens und der Lebenskraft selbst geworden.

Vielfältig verwachsen, oft nur noch entfremdet und abstrahiert, begegnen wir in Mythos und Kunst, Märchen und Sage, in Literatur und Brauchleben den Motiven des Lebensbaumes und des Weltenbaumes, Figurationen *einer* kosmischen Ordnung, wieder.

Für die Germanen spannte sich der Weltenbaum Yggdrasil als Achse zwischen Himmel, Erde und Unterwelt. Mit seinem Grünen und Gedeihen war das Schicksal der Menschen und Götter verknüpft. Im Paradiesgarten der Bibel wuchsen die beiden Bäume des Lebens und der Erkenntnis. Am Marterbaum des Kreuzes gewann Christus für die Gläubigen das von Adam und Eva verscherzte Paradies zurück.

Viele der sogenannten dreigeteilten Lilien in der christlichen Symbolik, der Heraldik oder der Volkskunde sind Kürzel des Lebensbaumes. »Die Lilie als Symbol der Reinheit war der frühchristlichen, ja noch der frühmittelalterlichen Kunst fast unbekannt«, stellte Romuald Bauerreiß in seiner Studie über den Lebensbaum fest.

Wahrscheinlich haben erst die Zisterzienser die Lilie mit der Marienmystik in die christliche Symbolik eingebracht. Die sogenannte heraldische Lilie wird auf das Szepter der Könige zurückgeführt, das selbst wieder als Rechtsmal auf eine Rute, ein Reis des Lebensbaumes zurückgeht.

Zahlreiche Wallfahrtsstätten gründen noch heute an Orten eines früheren Baumkults, wobei der Baum von Anfang an nicht um seiner selbst willen, sondern als Epiphanie eines höheren Wesens, einer unsichtbaren Macht verehrt worden ist. In Stöbers elsässischem Sagenbuch heißt es, da wo jetzt das Straßburger Münster und die Metzer Kathedrale stehen, hätten einst heilige Haine gerauscht. Die Dryaden und Baumelfen schrumpelten in christlicher Zeit zu grünlich eingefärbten Moosfrauen, zu Holzleuten, Wildmännern und säligen Fräuleins zusammen, die von schrecklichen Sturmriesen gejagt werden. Retten können sie sich nur dann, wenn sie einen Baumstumpf finden, in den die Holzfäller drei Kreuze eingeschlagen haben, ehe der Wipfel des gefällten Stammes die Erde berührte.

Der Maibaum, der als Sinnbild der Lebensrute in vielen Dörfern und Städten aufgerichtet wird, ist einer der spärlichen Relikte früheren Frühlingsbrauchlebens. Der Hochzeitsmaibaum blieb solange stehen, bis dem jungen Paar das erste Kind geboren wurde. Wenn die Braut schon schwanger war, hieß es, der Mann habe »sich selbst einen Maibaum gesetzt«. Aus dem Maibaum entwickelte sich im Frankreich der Revolution 1790 der Freiheitsbaum, dem man eine Jakobinermütze überstülpte, ein Rückgriff auf die phrygische Mütze, die der aus dem Sklavendasein Freigelassene im alten Rom erhalten hatte.

Das Runensymbol für den germanischen Lebensbaum bestand aus den Zeichen für Mann und Frau, wobei das weibliche Zeichen in der Erde wurzelte. Im Mythos werden Menschen in Bäume verwandelt, besitzen die Bäume Sprache und Seele. Die Edda nennt Esche und Ulme als Stammeltern der Menschheit.

Als arbor consanguinitatis, als Geschlechterbaum, wölbt sich der Baum der Ahnentafel mit Namensschildchen als Blättern. Unweit vom Lichteler Landturm bei Rothenburg ob der Tauber grünt der Hochzeitswald. Bis zum Jahr 1870 mußte dort jedes Hochzeitspaar eine Eiche pflanzen; in unserer Zeit ist dieser Brauch wiederaufgelebt. Wurde ein Haus gebaut, pflanzte man daneben den Hausbaum. Bei der Geburt eines Stammhalters übergab man ein Bäumchen, gleichsam als Doppelgänger des Kindes, der Erde. Und auf uns alle wartet am Ende der Sarg, oder, wie es in gleichnishafter Bildsprache hieß, der Totenbaum.

In dem Wort Baumfrevel hallt das Bewußtsein nach, daß ein Baum mehr als ein Gegenstand mit meßbarem Schätzwert, daß er ein Lebewesen höherer Art ist. Eine Steinsäule an der alten Landstraße zwischen Heidelberg und Mosbach mit der Jahreszahl 1819 warnt die Alleegänger »Die Baumbeschädigung ist bei Leibesstrafe verboten«, und eine andere Säule am Weg von Hüffenhardt nach Siegelsheim im Kraichgau trägt die Inschrift: »Wer einen Baum beschädigt wird scharf bestraft.« 1951 ließ uns Tertianer der Deutschlehrer Dr. Karl Gabriel einen Klassenaufsatz mit dem provozierenden Thema »Waldfrevel schlimmer als Kriegsverbrechen« schreiben.

Der Wanderprofessor Wilhelm Heinrich Riehl schrieb sein Buch »Land und Leute« 1853 auf Schloß Thurnau,

»dessen Lindenallee Jean Paul für würdig erklärt hatte, daß Fichte in ihr als dem stolzesten Laubdome seine Reden an die deutsche Nation gehalten hätte.« Lang, lang ist's her. Für Alleen und Stadtbäume sind längst auch in der Provinz schlimme Zeiten angebrochen.

Bäume und Sträucher binden in der Stadt unzählige Luftpartikelchen, an die sich giftige Gase und Substanzen anlagern, die sonst beim Einatmen in der Lunge bleiben und für Katarrh, Bronchitis, Allergien und Krebs verantwortlich sind. Bis zu vier Millionen solcher Teilchen hat man pro Kubikzentimeter Großstadtluft schon gezählt. Mit ihrem Ineinander von Stein, Beton, Asphalt gleicht die Stadt einer künstlichen Felsenwüste. Hinzu kommen die Verbrennungsprozesse von Industrie, Hausbrand und Autoverkehr. Eine einzige hundert Jahre alte Buche produziert stündlich mehr als 1,7 Kilogramm Sauerstoff und verbraucht gleichzeitig 2,35 Kilogramm Kohlendioxyd. Wenn so eine Buche gefällt wird, müßten 2700 junge Bäumchen nachgepflanzt werden, um sofort den gleichen Effekt zu erzielen.

Bert Brecht fragte im Exil, was das für Zeiten seien, in denen ein Gespräch über Bäume fast ein Verbrechen sei, weil es ein Schweigen über soviele Untaten einschließe. In einer Ära beispiellosen Raubbaus an der Natur ist es Zeit, ein Gespräch über Bäume zu führen. Vielleicht wird für manchen daraus ein Zwiegespräch mit Baum und Strauch.

*

Auf den Altartafeln spätmittelalterlicher Maler wie auf den Landschaftsbildern des 18. und 19. Jahrhunderts schraffieren Hecken die Berglehnen und Ackerbreiten, Weidegründe und Weinberge, sogar noch die Krautgärten vor Stadt und Dorf. In dem Wort Garten steckt ja die Gerte, der Heckenschößling, den man gegen Wild, Viehverbiß und Felddiebe zu lebenden Zäunen, zum Hag verflocht. Gärten, winzige in die Wildnis eingesprengte Inseln, begründeten die Seßhaftigkeit des Menschen. Der Garten, nicht der Acker steht am Anfang aller Kultur. Mitgard nannten die Germanen die wohlbebaute Erde. Sie sahen sie als hagumfriedetes Eiland, umtost vom Weltmeer, bedroht von Eis, Sturm und den Unholden der Einöden, des Utgard.

Wir kennen in Mitteleuropa drei große, im Ursprung verschiedene, in Jahrhunderten gewachsene Heckengürtel. Gegen den stetig vom Meer her wehenden Wind schützten sich die Hirten und Bauern an der Küste wie in der Eifel mit planmäßig angelegten, dichten hohen Wallhecken. Neben diesem maritim bestimmten Hekkengürtel gibt es noch den montanen Gürtel der Weidehecken im Vorland der Alpen oder am hessischen Vogelsberg. Hier wuchs das Netz der Hecken aus grünen Einfriedungen fürs Weidevieh aus Überbleibseln des gerodeten Waldes.

In Thüringen, Franken, Schwaben, dem Moselland und der Kalkeifel herrscht die Feldhecke vor, die weitgehend kalkigen Böden als Untergrund folgt. Dieser Hekkengürtel lehnt sich an Ackerterrassen und Feldraine, Hohlwege und Steinriegel an. Auch viele Feldwege waren früher von Hecken gesäumt. In diesen Feldhecken wachsen Schlehe und Weißdorn, Heckenrose, Hartriegel und Hasel, Faulbaum und Feldahorn, Holunder, Vogelkirsche, Pfaffenhütchen und die Nester der wilden Stachelbeere. In ihrer Artenvielfalt erscheint die Feldhecke als Spiegelbild benachbarter Waldsäume.

Natürlich schützte der Bauer diese Hecken, solange bei uns das Vieh, auch die Schweine, noch auf die Weide oder in den Weidewald getrieben wurden. Da und dort hat er natürlich hochgekommene Hecken sogar zu Riegeln oder einem geschlossen grünen Pferch ausgebaut. Aber die wenigsten dieser Feldhecken sind vom Menschen gepflanzt worden.

Gedanken über das Netzwerk der Feldhecken machten sich erstmals im 18. Jahrhundert die Männer, die das Vernunftdenken der Aufklärung für die Landwirtschaft nutzbar machen wollten. Ihnen mußte dieser Wildwuchs mißfallen. Er paßte nicht in ihr schlichtes Rendite-Denken. Das war vordergründig verständlich; schließlich gab es in Deutschland damals noch Hungersnöte.

Einer der eifrigsten Autoren war der hohenlohische Pfarrer Johann Friedrich Mayer. Er schrieb 1773: »Hekken, Büsche, Waldungen, Dornen auf den Feldern sind allesamt dem Feldbau in vielen Aussichten sehr schädlich. Auf dem Platze, den sie einnehmen, könnte man Getreide oder Gras bauen. Unter und in ihnen sammeln sich alle schädlichen Insekten, Raupen, Schnecken, Mäuse, Maulwürfe, Hasen und dergleichen. In ihnen nisten die Vögel ...«

Mayer und andere Pastoren des Fortschritts kreideten der Feldhecke auch an, daß sie Schatten werfe, den Schnee festhalte und so im Frühjahr die Feldbestellung verzögere. Ihr dringender Rat: Ausrotten mit Stumpf und Stiel! Diese Argumente spuken heute noch in manchen Köpfen. Während der »Erzeugerschlacht« des Dritten Reiches galt jeder Quadratmeter Ödland, jeder nasse Fleck, jede Hecke als Volksschädling. Der Reichsarbeitsdienst hat damals ganze Landstriche von Hecken entblößt. Und der Flurbereinigung der Nachkriegsjahre mit ihrem Ideal der Traktorensteppe stand die Feldhecke ebenso lästig in der Quere.

Dabei hatten andere Oekonomen, wie etwa Albrecht Thaer, zu Beginn des 19. Jahrhunderts schon ein wesentlich differenzierteres Hecken-Urteil gefällt. Sie empfahlen trockenen Gegenden ein engmaschiges, feuchten dagegen ein eher grobmaschiges Netz von Feldhecken. Thaers Argumente: »Die allgemeine Erfahrung bezeugt die größere Fruchtbarkeit eingehegter Felder. Einhegungen erhalten die Wärme besser, indem sie den Wind brechen und die erwärmte Luft über der Oberfläche des

Bodens halten. Überdies aber ist diese untere Luftschicht am reichsten an fruchtbaren Gasen, die von dem Boden und den Pflanzen eingesogen werden, wenn der Wind sie nicht verweht. Die Erhaltung der Feuchtigkeit durch Einhegungen ist mehr nützlich als schädlich.«

Albrecht Thaer hat damit zum erstenmal das Kleinklima heckenumfriedeter Parzellen angesprochen. Inzwischen haben hunderte von Untersuchungen ergeben: Nicht dichte, luftstauende Wallhecken, sondern durchlässige Heckenstreifen bieten den besten Windschutz. Hecken bewahren die Humuskrume vor dem Ausblasen und in den Hanglagen vor dem Abschwemmen. Hecken kämmen die Winde aus, so daß sich hinter ihnen die Lufttemperatur erhöht. Regen und Taufall liegen auf eingehegtem Land meßbar höher als im offenen Gelände. Im Windschatten der Feldhecke wird die aus der Erde aufsteigende Kohlensäure festgehalten. Und diese bildet ja den Grundstoff, aus dem jede grüne Pflanze mit Hilfe der Sonnenenergie ihr Wachstum aufbaut.

Die Feldhecke, so das Fazit, überträgt gleichsam das Gewächshaus des Gärtners in Flur und Weinberg. Und: Die Summe kleiner Feldgehölze oder ein Netz von Hekken sind für die biologische Bereicherung und den Austausch der Tierwelt günstiger als eine Waldfläche der gleichen Größenordnung.

Wie aber steht es mit dem schreckenerregenden Argument, unsere bunte Hecke sei eine wahre Brutstätte üblen Ungeziefers? Genau das Gegenteil trifft zu. Nicht die Feldmaus, die ihre Gänge als Steppentier im freien Feld wühlt, sondern die insektenfressende Spitzmaus sowie die Mäusejäger Igel und Wiesel hausen in der Hecke. Hier finden bedrohte Tierarten wie Blindschleiche, Ringelnatter, Erdkröte, Eidechse, Laufkäfer und Jagdspinnen ihren Unterschlupf, dazu schon selten gewordenes Niederwild wie Feldhase, Rebhuhn, Wachtel. Im Frühjahr blüht die Feldhecke als summende Bienenweide. Und über ihre Bedeutung für die gefiederte Fauna wäre jedes Wort zuviel. Heckenlandschaften sind immer auch Vogellandschaften.

Von Kleinklima und Tierreservaten, von Ertragssteigerung und Gewächshauseffekt ist die Rede gewesen, nicht aber von der Schönheit der, nicht nur im Herbst, farbig getönten Heckenlandschaft. Der Naturschutz appelliert heute weniger an aesthetisches Behagen als an die pflegerische Vernunft. Den Heckenschützern geht es weniger um die Konservierung einer musealen, als um den Erhalt und Wiederaufbau einer lebensvollen Landschaft.

Der unvergessene Alwin Seifert, dem wir die Einbindung der Autobahnen ins Linienspiel der Landschaft und noch einiges mehr verdanken, hat einmal von dem Zehnten gesprochen, den wir der Natur lassen müßten, um unser Kulturland gesund und fruchtbar zu erhalten. Zu diesem Zehnten gehören Allee und Ufergehölz, Hekenrain und Hag als Lebensadern unserer Landschaft.

Bei uns sind zwei Lindenarten heimisch, die herzförmig-kleinblättrige Winterlinde (Tilia cordata) mit weißen Härchen auf der Unterseite des Blattes und die zwei Wochen früher blühende, großblättrige, zumindest an den Blattadern braun behaarte Sommerlinde (Tilia platyphyllos). Beide waren früher im Eichenmischwald häufig und von den Zeidlern, den Waldimkern geschätzt.

Grünen Wolken gleich wölben sich die Lindenkronen überm Land, prozessionsartig in Alleen, gesellig auf Friedhöfen und um Feldkapellen, vereinzelt auf einer Anhöhe, neben einem Bildstock, an einer Wegkreuzung, früher auch am Brunnen vor dem Tore. Im Juni überlagert der Duft der überreich blühenden Linden sogar die Abgasschwaden der Autokolonnen in der Stadt. Herzförmig schattet das Blatt der Linde, und ein Herzbaum ist sie dem Menschen geworden. Denn das Besondere an der Linde ist, daß sie sich von einem Waldbaum zu einem grünen Hüter von Gehöft, Dorf und Stadt gewandelt hat. Kein anderer Baum nimmt so stark am Leben des Menschen teil wie sie. Im deutschen Sprachgebiet sollen 1142 Ortschaften die Linde im Namen führen wie Lindau am Bodensee, Lindenfels im Odenwald oder Leipzig, das nach dem slawischen Wort Lipa für Linde benannt ist.

Anders als ihre Bezeichnung vermuten läßt, steigt die Winterlinde im Gebirge nicht so hoch wie die Sommerlinde, die feuchtere Lagen, frische krautreiche Bergwälder und Schluchtwälder, bevorzugt. Bekannt für seine Sommerlindenbestände ist der Pfälzer Wald. Größeren Vorkommen der Winterlinde begegnen wir im Kottenforst bei Bonn, im Hessischen Bergland, in der Uckermark sowie auf der Letzlinger Heide.

Lind bedeutet soviel wie weich, geschmeidig, nach dem Wörterbuch der Brüder Grimm aber auch glänzend und in Schönheit schimmernd. Wenn im Ostpreußischen ein Kind starb, hieß es: »Sin Vadder heft em e lindne Seel öngesett«, und ein Sprichwort sagt: »Ein Herr bleibet doch ein Herr; und ob er schon linden ist, so überwehret er dennoch einen eichnen Knecht.«

Die Linde ist nicht grob, streng, trotzig, herrisch, sondern sanfter, weiblicher Art, kein tänzerisch bewegtes Baummädchen wie die Birke, sondern ein mütterlich bergender, honigmilder Baum, in dem sommers die Bienen orgelgleich brausen. Sie ist ein Baum menschlicher Gesittung, ein Baum der Eintracht und des Friedens. Und von Martin Luther stammt die Erkenntnis: »Unter den Linden pflegen wir zu trinken, zu tanzen und fröhlich zu sein, nicht zu streiten und ernsten, denn die Linde ist ein Friede- und Freudebaum.« Der »Grüne Baum« unserer Wirtshausschilder ist eine stilisierte Linde. In ihrem gastlichen Schatten klopfen die Stammtischbrüder ihr Blatt, ein Abbild des grünen Lindenblattes, das im Kartenspiel den freien Bauernstand versinnbildlicht wie die Eichel den Knecht.

Wie die Eiche dem Donnergott, so war die Linde der Göttin Freya geweiht, deren Nachfolge die Himmelsmutter Maria angetreten hat. Zahlreiche Marienbildstöcke und Marienkapellen bergen sich unter Linden.

Die Linde mit ihrem herzförmigen Blatt ist auch der Baum der Liebenden, weckt Sehnsucht und Geborgenheit in einem. Als geschwisterliche Vertraute der Bäume und Pflanzen hielt Bettine Brentano Zwiesprache mit den Linden. Im Mai 1801 schrieb sie ihrem Bruder Clemens: »Die Linden blühen, Clemente, und der Abendwind schüttelt sich in ihren Zweigen. Wer bin ich, daß ihr mir all euren Duft zuweht, ihr Linden? Ach, sagen die Linden, Du gehst so einsam zwischen unsern Stämmen herum und umfaßst unsre Stämme, als wenn wir Menschen wären, da sprechen wir dich an mit unserm Duft.«

Das weiche, leichte, sehr gleichmäßig und fein strukturierte Holz war und ist das Lieblingsholz der Bildschnitzer, ein sakraler Werkstoff, das lignum sanctum, und die Linde hieß auch der Bildbaum. »Aus dem Holz macht man die geschnitzten Bilder, die hat man in den Kirchen anstatt der Heiligen verehrt«, grollte der reformatorisch gesinnte Kräutervater Hieronymus Bock. Für Modelle, Spielwaren oder Küchengerät wird das Lindenholz noch gebraucht, für Harfen, Orgeln sowie im Möbelbau, wo es sich leicht einfärben, lackieren und beizen läßt.

Die Germanen flochten ihre Schilde aus dem elastisch federnden Lindenbast, der auch zu Matten, Körben, Säcken, Schuhen und zum Leimpinsel des Schreiners verarbeitet wurde. Seltsamerweise ist weder aus der Antike noch aus dem Mittelalter etwas über die Heilkräfte der Linde überliefert. Bock nennt die Lindenkohle als Mittel gegen Blutungen und das »gebrannt Wasser« aus Lindenblüten gegen Fallsucht und Bauchweh. Erst seit dem 17. Jahrhundert scheint der schweißtreibende, noch immer als Hausmittel probate Lindenblütentee bekannt zu sein.

Schicksalslinde, Gedenklinde, Dorflinde, Tanzlinde und Gerichtslinde seien als weitere Stichworte genannt. Unsere papierenen Stammbäume zeichnen die Krone einer Linde nach. In zahlreichen Sagen grünt und vergeht eine Linde vor dem Hof oder der Burg mit dem dort lebenden Geschlecht.

Zum Schicksal wurde die Linde dem Helden Siegfried im Nibelungenlied. Als er den Drachen Fafnir erschlagen hatte und sich in dessen Blut badete, um hürnen, hornhart unverwundbar, zu werden, fiel ein Lindenblatt auf seine Schulter, so daß ein Fleck ausgespart blieb. Von einem Traum geschreckt, verriet Kriemhilde dem listigen Hagen von Tronje das Geheimnis; so konnte er Siegfried am Lindenbronn zielsicher von hinten mit dem Speer durchbohren.

Als Student hatte der oberrheinische Publizist und Erzähler Anton Fendrich um die Jahrhundertwende über einer Prophezeiung in der Sammlung der Aargausagen von Heinrich Rochholz gegrübelt, wo es von der uralt mächtigen Linde von Linn heißt:

»Leit d' Linde ihr's Choepfli uf's Ruedelis Hus,
So-n isch's mit alli Welten us!«

Daß mit Ruedelis Hus die benachbarte Habsburg, der Stammsitz der Habsburger und ihres ersten Königs Rudolf, gemeint war, schien klar. Aber die Ruine lag jenseits der Aare, und nie konnte die Linner Linde bis dorthin wachsen; dem Kaiser Franz Joseph in der Wiener Hofburg ging es trotz seines hohen Alters so gut wie seinem Reich, der habsburgischen Donau-Monarchie, und ein Weltende schien weit und breit nicht in Sicht.

Nach vielen Jahren – der Erste Weltkrieg war gerade ausgebrannt, vier Kaiserreiche, darunter das der Habsburger, waren mit untergegangen – erhielt Fendrich von einem Schweizer Freund einen Brief, er solle kommen, das Reimrätsel sei wohl gelöst. Deutschland fieberte gerade in der Inflation, aber eine Anweisung über harte Schweizer Franken lag bei, und so konnte Fendrich reisen. Beim Wein erklärte ihm der Freund, die Lösung sei nichts als eine trigonometrisch-astronomische Rechenaufgabe gewesen. Das Choepfli konnte nicht der Lindenwipfel, sondern nur dessen Schatten bedeuten. Jahrhundertelang hatten die Leute im Aaretal das Wachsen und Wandern des Lindenschattens beobachtet. Und nun hatte der Freund errechnet, daß am 17. April und am 24. August dieser Schatten den Stammsitz der Habsburger überdecken mußte.

An diesem Augustabend des Jahres 1923 schritt Fendrich hoch zur Ruine. Vor seinem innern Auge stiegen die habsburgischen Herrscher gespenstisch aus Gruft und Buch. Ein kühler Luftzug strich durch den Burghof. »Ich zog die Uhr. Es war sechs Uhr siebenundvierzig ... jetzt löschte der tausendjährige Baum das Licht der Sonne ganz und gar aus. Sein Schatten rückte unbeirrbar und leise über die Aare und am Wülpesberg empor, weiter, immer weiter. Nach einer Viertelstunde lag die Wiege der Habsburger in einem Düster, das auch Gespenstern zu kühl geworden war. Ich wußte und glaubte und ging.«

Von der Linde heißt es, sie komme 300 Jahre, stehe 300 Jahre und vergehe 300 Jahre. Den Ruhm, ihre unverdrossen lindgrün austreibende graue Baumruine sei die ehrwürdig älteste Linde Deutschlands, beanspruchen wohl ein Dutzend Orte für sich, von Hohenbodman am Bodensee bis Kötzing im Bayerischen Wald, von Staffelstein am Obermain bis Upstedt bei Hildesheim.

Zur lebendigen Erinnerung für spätere Generationen hat man Gedenklinden gepflanzt. Unter den Lutherlinden Deutschlands gilt die 1557 an der Landstraße zwischen Langenburg ob der Jagst und Gerabronn gesetzte als die älteste. Als Andenken an den Friedenschluß nach dem Dreißigjährigen Krieg soll 1648 die Eschersheimer Linde bei Frankfurt am Main gepflanzt worden sein.

Eine bezaubernde Legende spielt um die Kunigundenlinde auf dem Altenberg bei Burgerroth über der Gollach, einem Seitenflüßchen der oberen Tauber. Am Chor der romanischen Bergkapelle finden wir eine weibliche Bauplastik mit Diadem, Ring und lilienartig stilisiertem Lebensbaum. Die Legende erzählt, die später heiliggesprochene Kaiserin Kunigunde habe von ihrer Burg in Bamberg aus drei weiße Schleier vom Wind davontragen lassen und dabei gelobt, überall da eine Kirche zu bauen, wo einer der Schleier niederfalle. Einer habe sich in der Linde auf dem Bergsporn über der Gollach verfangen, und so sei die Kunigundenkapelle entstanden. Die Legende bewahrt einen rechtssymbolischen Gehalt. Denn im Mittelalter bestätigte der Schleier eine Übergabe oder Stiftung.

Als Kunigundenlinde galt auch der Baum im Hof der Reichsburg Nürnberg. Albrecht Dürer erzählt in seiner Familienchronik, sein aus Ungarn zugewanderter Vater habe zur Sonnwende 1455 bei einer Hochzeit »unter der großen Linde« getanzt. 1934 wurde die Lindenruine abgetragen. Der nach der Zerstörung im letzten Krieg nachgepflanzte Baum ist wie die Kunigundenlinde von einem Steinrondell eingefaßt.

Als deutsche Eigenart gelten die Apostellinden, die nach ihren zwölf Stämmen oder Hauptästen benannt sind. Angeblich sind sie aus zwölf kreisförmig gepflanzten Bäumchen hervorgegangen, vielleicht auch nur aus dem gekappten Stamm entstanden. Die bekannteste Apostellinde ragt in Gehrden bei Warburg und kann über eine eiserne Wendeltreppe erklommen werden.

Angeblich wurde sie ums Jahr 1190 mit der Weihe der Kirche gesetzt. Jeder der zwölf Hauptäste war einem Apostel zugeschrieben. Nach der örtlichen Überlieferung brach an einem Karfreitag vor gut 50 Jahren der Ast ab, der als »der Judas« gegolten hatte.

Wie die Ulme oder Effe im Rheinhessischen, so war die Linde vor allem in Schwaben und Franken der Herzfleck des Dorfes. In Grettstadt am Obermain fügen sich die figurenbewegte Front der Dorfkirche, das Rathaus der Renaissance, Bauernhöfe mit steinern aufgeschmücktem Portal und die in sieben Stufen pyramidenartig zugeschnittene, 1792 gepflanzte Linde zum schönsten Dorfplatz Mainfrankens. In Birnfeld im Haßgau trifft sich die Gemeinde heute noch zu Versammlungen unter der Dorflinde am Kirchplatz; 18 steinerne Säulen tragen dort den ausladenden Ästekranz.

Gelegentlich hat so eine Linde als Wahrzeichen der Dorfgemeinschaft die Siedlung selbst überdauert. Bei Rügshofen am Steigerwald steht mitten in der Feldflur eine alte Linde, die an ein im Dreißigjährigen Krieg abgegangenes Dorf erinnern soll. Und Anfang des 19. Jahrhunderts berichtet Franz Anton Jäger in seinen »Briefen über die hohe Rhön« von einer einsamen Wanderung: »Da stieß ich nicht weit von diesem Sumpfe auf Ruinen ... sowie ich auch dabei eine Linde traf, die aber ihrem Untergang ganz nahe ist und die Moorlinde genennet wird. Nach eingezogenen Nachrichten stand auf diesem Fleck das Dörfchen Moor ...«

Fröhlichere Erinnerungen weckt die Institution der Tanzlinden. In seinem holzschnittkraus illustrierten und geschriebenen Kräuterbuch beginnt Hieronymus Bock sein Linden-Kapitel mit den aufmunternden Worten:

»Wir wöllen eins unter die grünen Linden tanzen und besehen, wie dieselbig gewachsen ...« Nicht nur um, auch in Dorflinden wurde einst getanzt. Den letzten Tanzbaum Deutschlands hütet Limmersdorf am Roten Main. Am Sonntag nach Bartholomäus, also Ende August, wird hier die Linden-Kerwa gefeiert, knapp drei Meter über dem Dorfplatz auf dem Tanzboden der alten Linde.

Sub tilia, gegeben unter der Linde, heißt es gewichtig in Chroniken und Gerichtsprotokollen. In einem seiner Schwänke läßt der Meistersinger Hans Sachs einen Bauern selbstbewußt entgegnen:

»Solch Künst achten wir Dorfleut nicht,
besitzen doch unser Gericht
unter dem Himmel bei der Linden.«

Und als man 1773 das Gerüst der Linde in Bayreuth erneuerte, beschloß der Zimmermann seinen Richtspruch: »Wo diese stehn, herrscht Gerechtigkeit.«

Viele alte Dorflinden erinnern an Verkündstätten und Gerichtsstätten. Gerichtslinden waren die Ahnen der späteren Gerichtslauben im Rathaus. So stand beispielsweise in Würzburg vor dem Grafeneckart, einem mittelalterlichen Geschlechterturm, die Gerichtslinde. Als dem Turm dann das heutige Rathaus angebaut wurde, malte man zur Erinnerung den grünen Baum an die Fassade.

Das umfänglichste, geschlossenste, seltsamerweise aber wenig bekannte Lindengericht blieb in Neuenstadt am Kocher, unweit einer früheren Römerstraße und des abgegangenen Ortes Helmbund, erhalten. Anno 1606 hat der Magister Jakob Frischlin das grüne Gewölbe anschaulich geschildert: »Gleich vor dem obern Tor zu der Neuenstadt stehet ein wunderbarlich großer Lindenbaum, so breit und dicke, dergleichen in ganz Europa keiner zu finden ist, dessen Äste rings herum liegen auf 160 Säulen. Ist mancher Ast bis zum Stamm 30 Schritt und ist der Stamm 30 Ellen dick …«

An diesem Bild hat sich bis heute wenig geändert, nur daß der fast 40 Meter hohe Hauptstamm nach Artilleriebeschuß in den letzten Kriegstagen am 21. April 1945 von einem Sturm niedergerissen wurde. Aber noch immer schattet dank frühzeitiger Nachpflanzung ein rundes Laubdach von 40 Metern Durchmesser an diesem ummauerten Lindenort. Schon der Magister Frischlin hatte von Kegelspiel und Kurzweil unter der Neuenstädter Linde gesprochen, und Ende des 18. Jahrhunderts sah man die ganze Anlage nur noch als »Lustwäldchen« an.

Aber von der Karolingerzeit bis hinein ins späte Mittelalter war es eine Gerichtsstätte. 1448 etwa schließt eine Urkunde des Zisterzienserklosters Schöntal an der Jagst: »Verhandelt unter dem Lindenbaum vor den Mauern der Neuen Stadt an dem Kocher benannten Fluß.« Erst als Mitte des 16. Jahrhunderts die Herzöge von Württemberg ein neues Landrecht herausgaben, welches sich bewußt von früheren eigenständigen Rechtsbräuchen löste, wurde der Lindensaal vor dem Tore mit nachgepflanzten Bäumen ein Schauplatz vornehmer Geselligkeit.

Der Bronzereif, der den Standort des 1945 zerstörten Hauptstammes bezeichnet, trägt einen Sinnspruch des Erzählers und Dramatikers Paul Wanner:

»Neuenstadts Linden, uralt wie das Reich,
als wir fielen, fielen sie zugleich.
Wachse, neue Linde, in ein Friedensreich.«

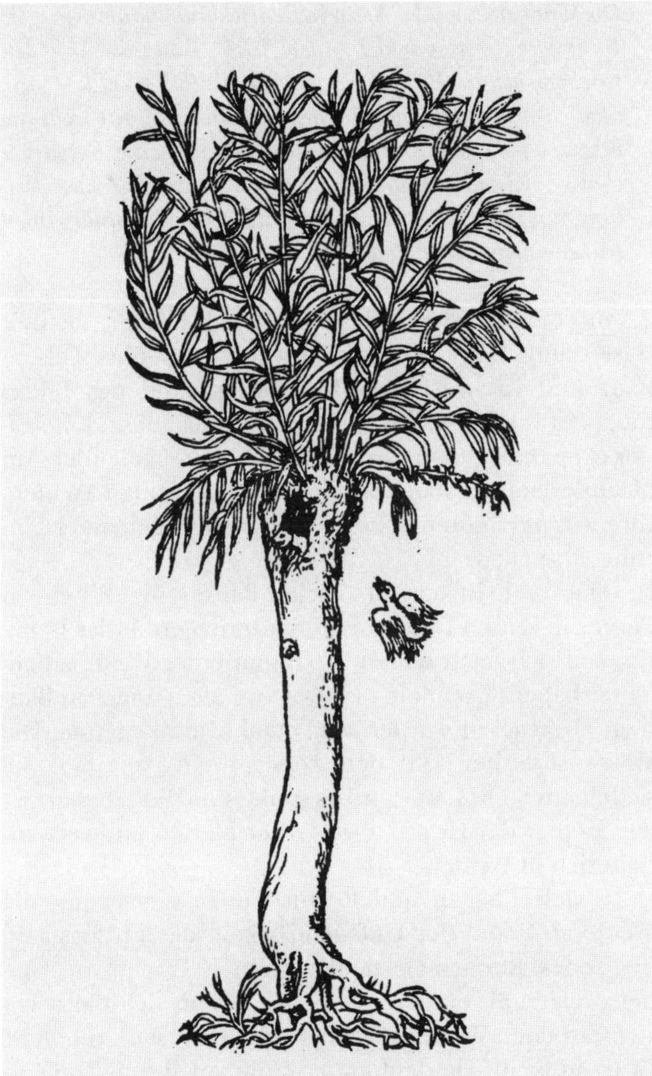

Die Weide stellt mit 54 Arten in Deutschland die artenreichste Baumfamilie und bildet zudem leicht Bastarde. Von den raschwüchsigen Baumformen sind die Silberweide (Salix alba) und die Sal- oder Palmweide (Salix caprea) wohl am bekanntesten. Die Strauchformen, wie etwa die Korbweide (Salix viminalis), kenntlich an ihren bis zu 25 Zentimetern langgezogenen Blättern, spielten als Flecht- oder Bindeweiden früher eine wichtige Rolle.

Auf einer Federzeichnung Alfred Kubins, betitelt »Osterlandschaft«, rollt die Morgensonne über Felsenstadt und Kreuzeshügel. Im Vordergrund des Bildes führt ein vermorschter Steg über ein Bächlein. Eine Elster wippt langgeschwänzt auf dem Stangengeländer. Am Mäanderlauf des Baches schatten dickköpfige Weiden. Ihre wirr zerzausten Schöpfe scheinen in geheimer Unruhe zu zucken.

»Die Weide ist kein glücklicher Baum«, sagt Ritter von Perger in seinen Deutschen Pflanzensagen. Judas Ischariot soll sich nach seinem Verrat an einer Weide aufgehängt haben, nachdem er zuvor von allen anderen Bäumen abgewiesen worden war, erzählt die Legende. Die Weide ist seither hohl, dem Tode geweiht, verrufen. Sie siedelt am Sumpf, dort, wo es spukt. Ein Weidenzweig ist das Szepter der Hexen. Gespenster hausen und verwandeln sich in Weiden.

In vielen Sagen und Rechtsbräuchen erscheint die Weide als Baum der Unfruchtbarkeit, der Ehrlosigkeit, des Todes. Bei den Germanen galt das Tragen von Weidenzweigen als entehrende Strafe. Wenn sich die bernsteinfarbenen Weidenspitzen im Frühjahr stark röten, ist Krieg in Sicht. Desdemona träumte vor ihrem Tod von der Weide, Ophelia stürzt von einer Weide ins Wasser, in den Tod. Unter Weiden stieß sich in Winkel am Rhein die junge Dichterin Karoline von Günderode aus Liebeskummer den Dolch in die Brust.

Aber auch freundlicheren Umgang gewährt die Weide. Früher hat man versucht, sein Fieber, seine Gicht und andere Leiden auf diesen Baum zu übertragen. Man ging zu einer Weide, nahm davon drei Ruten , schlang sie zum Knoten und sagte: »Weide, ich winde dich, meine siebenundsiebzigerlei Gichter verbinde ich. Im Namen des Vaters, des Sohnes, des Heiligen Geistes ...« Ein Kinderlied singt: »Halt dich an die Weiden, daß du nicht ins Wasser fällst, denn ich kann dich leiden, weil du mir gefällst.« Max Dauthendey beschloß sein Weidengedicht mit den Zeilen: »Alle die Weidenblätter voll silbriger Spiegel sind und werden wie die Sehnenden auch nachts nicht blind.«

Während die kätzchentragende Salweide oder Palmweide sich auch mit trockenen Standorten begnügt und sogar als Waldbaum auftritt, ist die Silberweide mit ihren dichtweiß behaarten, im Sonnenlicht silbrig schimmernden Blättern ein Kind des Auenwaldes, eine Begleiterin der Flüsse und Bäche. »Der Biber hat seine Lust mit dem Weidengeschlecht, damit baut er seine Wohnung an den Wassergestaden«, vermerkte Hieronymus Bock. Mit dem Verschwinden der periodisch überschwemmten Auenwälder, mit dem Begradigen und Verrohren zahlloser kleiner Wasserläufe, mit dem Trockenlegen und Zuschütten feuchter Kuhlen und Tümpel haben die Bestände der Silberweide stark abgenommen.

»Schneid Weiden ab, schneid Weiden ab und laß die Stumpe stea, laaf du dr scheane Madla nach und laß die wieschte geah«, sangen die Burschen im Hohenlohischen. Zu Beginn des 19. Jahrhunderts rechnete der Arzt und Weinschriftsteller Johann Geist dem Winzer den wirtschaftlichen Nutzeffekt selbstgezogener Weidenruten beim Aufbinden der Reben vor und schloß: »Würden wir, auch ohne Weinbau, nicht schon Weiden ziehen müssen? Nicht für die vielen nötigen Flechtereien? Nicht schon wegen der Ufer-Befestigung an Bächen und Flüssen? Wir könnten und sollten noch viel mehr Weiden ziehen, die Wiesen würden dabei wenig leiden, weniger als Getreide-Äcker von Obstbäumen, und viele industriöse Hände würden in Wintertagen damit beschäftigt.«

Die kugeligen Kopfweiden, die Koppen, früher auch in eigenen Kulturen, den Weidenhegern, an Wassergräben gezogen, erinnern an den regelmäßigen Schnitt der Flechtruten, der letzten Ernte des Jahreslaufes. Inzwischen sorgen Naturschützer im Gefolge von Bachpatenschaften dafür, daß die alten Kopfweiden weiterhin beschnitten werden; die immer schwereren Äste sprengten sonst mit der Zeit die oft vermorschten hohlen Stämme. Als Brutstätte zahlreicher Vogelarten, vor allem des gefährdeten Steinkauzes, sollen diese alten Weiden wenigstens zum Teil erhalten werden.

Von eigener Anmut ist die Trauerweide, die ihre gelbgrünen Zweigschnüre in Parks oder auf Friedhöfen niederrieseln läßt. Wie die Pappeln sind auch die Weiden zweihäusig, also entweder männlich oder weiblich. Eine Weide allein kann so nur vegetativ, über Stecklinge vermehrt werden. Die auf dem Sinai hausenden Mönche sollen Kaiser Joseph II. einmal Feigen und Datteln in einem Weidenkorb geschickt haben. Da dessen Ruten noch frisch schienen, wurden sie als Stecklinge gepflanzt und gediehen. Von diesen Sinai-Zweigen stammen angeblich alle unsere europäischen Trauerweiden ab. Tatsache ist, daß wir nur weibliche Trauerweiden hierzulande haben, so wie alle unsere Pyramidenpappeln männlich sind.

Der oberrheinische Naturgelehrte Ittner porträtierte die Trauerweide so: »Wollt ihr eine schöne Muse in Trauer, eine lebendige Elegie sehen, mit fliegenden Haaren, mit gesenktem Haupte, mit nachlässig herabhängenden Armen ... eitel wie sie ist, pflegt sie gern ihre schöne Traugestalt, gleich einer schönen Witwe, auf der stillen Oberfläche des Wassers zu spiegeln.«

Salix lautet der lateinische und botanische Name der Weide. Ihre Rinde birgt das Salizin. Hildegard von Bingen empfahl schon Weidenrindentee gegen Fieber, Gicht und Gelenkrheumatismus. Mit der synthetischen Herstellung der Salizylsäure verschwand die Weide aus dem Katalog der Heilmittel. Leonhart Fuchs gab in seinem Neuen Kräuterbuch 1543 ein weiteres Rezept an: »Ihre Blätter, gesotten und getrunken, vertreiben die Lust und Neigung zur Unkeuschheit.« Der Kirchenvater Hieronymus schrieb, mit »der Weide der Keuschheit« zögen die Seligen ins Paradies ein. Albrecht Dürer hat 1512 seinen Kupferstich »St. Hieronymus am Weidenbaum« geschaffen, Rembrandt in seiner Darstellung des Kirchenvaters eine Weide auffällig in den Vordergrund gerückt.

Wo der Wind die Weidenschöpfe zauste, war unser Bubenparadies, glänzten fettgelbe Dotterblumen, trieb klumpiger Froschlaich, knisterte im Sommer das Glasflügelspiel der Libellen. Wo die Weide wächst, wartet auf uns noch ein Rest Wildnis, eine Ahnung vom Abenteuer des Lebens.

Die Pappel, zwar nicht ganz so artenreich, aber ebenso bastardenfreudig wie die Weide, bildet mit dieser eine Familie. Als Baum der Auenwälder im Bestand gefährdet ist die nach ihrer Rinde benannte Schwarzpappel (Populus nigra); mehr weißgrau als silbrig an der Unterseite gefilzt sind die Blätter der Silberpappel (Populus alba); ein Waldgewächs, ja Pionierbaum ist die Zitterpappel, Aspe oder Espe (Populus tremula). Nur kultiviert kommt bei uns vor die Pyramidenpappel, besser Säulenpappel (Populus nigra var. italica).

Wir sprechen von der Weide oder der Pappel, auch wenn uns bewußt ist, daß beide sehr unterschiedliche heimische Arten aufweisen. Hinzu kommen zahlreiche aus Kreuzungen neugewonnene Kultursorten, die sogenannten Pappelhybriden oder Wirtschaftspappeln, »deren Vielfalt nur noch vom Fachmann übersehen und unterschieden werden kann«. Pappeln sind die raschwüchsigsten heimischen Bäume, was durch Einkreuzungen noch weiter gesteigert wird.

Schwarzpappel, Silberpappel und Zitterpappel sind reine einheimische Arten. Die Säulenpappel ist erst Mitte des 18. Jahrhunderts eingeführt worden und hat bei uns nie zur natürlichen Baumvegetation gezählt; in Schmeil-Fitschens »Flora von Deutschland« taucht sie nur in einer Zeile Kleindruck auf. Die Schwarzpappel hat eine eher flachgewölbte Krone und bildet am Stamm häufig Maserknollen aus, die Silberpappel rundet ihre Krone; beide stehen gern am Wasser und können bis zu 400 Jahre alt werden.

Die Zitterpappel dagegen ist ein Baum des Waldes und bildet in den baltischen Ländern zusammen mit Erle und Birke größere Bestände; bei uns bleibt sie meist Unterholz und wird nur an die hundert Jahre alt. Bekannt ist der Spruch, einer zittere wie Espenlaub.

Als forstwirtschaftliche Musterknaben werden Pappelhybriden in wahren Plantagen angebaut. Das Holz wandert zum größten Teil in die Spanplattenindustrie oder Streichholzfabriken und gewinnt als eingefärbtes Furnierholz für die Möbelindustrie an Bedeutung. Tradition hat das leichte Holz im Prothesenbau. Jeder kennt die im Frühsommer geballt dahinsegelnden, von einer Art Wattebausch umhüllten Pappelsamen.

Mehr und mehr verschwinden die kirchturmschlanken Pyramidenpappeln oder Säulenpappeln aus dem Landschaftsbild. Zypressenartig kompakt, fast schon architektonisch geschlossen erscheint dieser Baum. Längs der Landstraßen und Wasserläufe, als grüner Kranz um den Dorfetter, als Doppelwache an Brückenauffahrten marschieren diese Baumgrenadiere auf.

Ihre vertraute Silhouette ist noch gar nicht so alt. Wahrscheinlich entstand die Säulenpappel erst zu Beginn des 18. Jahrhunderts durch eine Mutation, also durch eine sprunghafte Veränderung im Erbgefüge, einer italienischen Schwarzpappel. 1745 wird erstmals von dieser neuen Baumform in der Gegend um Verona berichtet. Von Oberitalien drang die lombardische Pappel, wie sie zunächst genannt wurde, rasch nach Norden vor. Vermehrt wurde sie dabei anscheinend nur von männlichen Exemplaren. Schon der oberrheinische Naturgelehrte Ittner wollte weibliche Setzlinge aus Italien holen, um »diesen sonderbaren Baumzölibat« aufzuheben.

Vor allem in Frankreich begeisterte man sich für die klassizistisch strenge, linear betonte Silhouette der Säulenpappel, regelhaft, klar, durchsichtig hell, in sich geschlossen wie die als vorbildhaft angeschaute Antike. Die Säulenpappel streut einen Hauch Süden über das Land. Sie ist ein Baum ohne Träume. Und wie damals alles Französische, wurde sie bei uns rasch Mode. Bis heute hält sich im deutschen Südwesten die Legende, Napoleon habe diese Pappel bei uns als Chausseebaum eingeführt, damit seine Soldaten in ihrem Schatten marschieren könnten.

Daran knüpfte der alemannische Pfarrer und Volksschriftsteller Heinrich Hansjakob in seiner Pappelschelte an: »Es gibt keinen langweiligeren Baum als den Pappelbaum ... Er kam erst durch die Franzosen der Napoleonzeit bei uns in Mode. Napoleon ließ, wo immer er konnte, die Heerstraßen mit Pappeln bepflanzen. Wie man sagt, tat er dies aus militärischen Gründen, weil die hohen Pappeln die Straßen, auf denen die Regimenter zogen, weit sichtbar machten ... Zum Militarismus, dem poesie- und gemütlosesten Ding auf Erden paßt der prosaische Pappelbaum vortrefflich.«

Mit ihrem egalitären Regelmaß entsprach die Säulenpappel dem Gleichheitsideal der Französischen Revolution wie des Code civil. Den Zeitgenossen erschien sie als der Citoyen unter den Bäumen, als Schrittmacher der Zivilisation. Dazu paßt die von dem hohenlohischen Plauderphilosophen Carl Julius Weber überlieferte Anekdote von einem der damals noch zahlreichen deutschen Duodezfürsten: »Ich werde die Pappeln fällen lassen!« – Warum denn, gnädiger Herr? – Weil etwas Demokratisches dran ist!«

In der waldentblößten flachen Landschaft am Niederrhein setzt die steile Pappel, vereinzelt, in Grüppchen oder gereiht, markante Akzente. Auch am Oberrhein marschieren noch Pappelkolonnen am Horizont auf. Bei den deutschen Dichtern hat der welsche Modebaum statt der Liederlust nur epigrammatische Galle gefördert. Eine Ausnahme macht da Friedrich Schillers großgeschautes Geschichts-Gedicht »Der Spaziergang«, wo die Pappelreihen die Hauptstadt des Landes anzeigen:

»Und das Gleiche nur ist's,
was an das Gleiche sich reiht.
Stände seh ich gebildet,
der Pappeln stolze Geschlechter.
Ziehn in geordnetem Pomp
vornehm und prächtig daher.
Regel wird alles,
und alles wird Wahl und Bedeutung;
dieses Dienergefolg'
meldet den Herrscher mir an.«

Schillers Landsmann Friedrich Kazner, sonst allenfalls noch als Autor der Schauerballade »Heinrich schlief bei seiner Neuvermählten« bekannt, setzte der vaterländischen Nußbaumallee die öde Pappelchaussee entgegen:

»Sieh, Wandrer, brüderlich sich hier
Das Bild der Vorwelt mit der unsern gatten.
Die Nußbaumreihe dort, der alten Straße Zier,
Ist unsrer Väter hier, die Pappeln pflanzten wir,
Hoch, schwankend, ohne Frucht und Schatten.«

Ins gleiche Horn stieß Friedrich Rückert:

»Da stehen sie am Wege nun,
die langen Müßiggänger,
und haben weiter nichts zu tun
und werden immer länger.

Da stehn sie mit dem steifen Hals,
die ungeschlachten Pappeln,
und wissen nichts zu machen als
mit den Blättern zappeln.

Sie tragen nicht, sie schatten nicht
und rauben, wo wir wallen,
uns nur der Landschaft Angesicht.
Wem könnten sie gefallen?«

Nach italienischem Vorbild ließ der anno 1794 verstorbene Bürgermeister der Reichsstadt Heilbronn, Georg Heinrich von Roßkampf, um die Stadt am Neckar zehntausend Pappeln als Blitzschutz anpflanzen, wozu die 1865 erschienene Oberamtsbeschreibung anmerkte: »... es scheint auch, daß diese Bäume der Atmosphäre einen Teil der Elektrizität entziehen ...«

1799 stellte der Landeskundler Johann Kaspar Bundschuh fest, die Bienenzucht in Süddeutschland gehe zurück, weil man zugunsten der raschwüchsigen Pappeln immer mehr Lindenalleen fälle. »Ist ein kameralistisch-ökonomisches Problem, das Aufmerksamkeit verdient.«

Dieser Stoßseufzer verrät, daß Pappeln damals auch aus wirtschaftlichen Gründen angepflanzt wurden. Zeitgeist und Rentabilitätsdenken trafen sich vor 200 Jahren beim Pappelboom. Es bleibt eine Ironie der Geschichte, daß die Napoleonspappel, wie sie bei uns auch genannt wird, längst neuem Fortschrittsdenken zum Opfer fällt. Kreuzungen aus heimischen und nordamerikanischen Schwarzpappeln übertreffen den Holzleistungswert der Säulenpappel bei weitem. Und deren hoher Aufbau erfordert eine tiefe Verankerung durch starke Seitenwurzeln, die den Straßenbelag aufreißen.

Unsere drei Ulmenarten lassen sich anhand der Blätter und Früchte unterscheiden. Die Feldulme (Ulmus carpinifolia) hat kleine, glatte Blätter und eine unbehaarte, bis zur Frucht geschlitzte Flügelnuß. Die Blätter der Bergulme (Ulmus scabra) sind rauh, lang und spitzoval, die Flügelfrüchte der Flatterulme (Ulmus laevis) bewimpert. Gemeinsam ist allen drei Arten, daß eine Blatthälfte größer und am Stiel tiefer angesetzt ist als die andere.

Als Widerspiel der hellen Dreifaltigkeit von Bergahorn, Spitzahorn und Feldahorn erscheint das dunkle Triptychon der Ulmen. Feldulme, Bergulme und Flatterulme lieben frische, tiefgründige Böden. Während die Bergulme zum Mischwald der Mittelgebirge gehört, finden wir die beiden andern Arten mehr in der Ebene, bevorzugt in den Resten des Auenwaldes, aber immer nur eingesprengt. Mit ihrem ernsthaft düsteren Laubmantel, ihrem markanten kegelförmigen Umriß wird sie gerne in Parks, wegen ihrer Resistenz gegen Abgase auch an der Straße gezogen.

Ulme kommt aus dem Lateinischen. Der angestammte altdeutsche Name lautet Rüster. Als Rüster wird auch das schwere Holz gehandelt. Mit seiner dekorativen Maserung wird es vor allem im Möbelbau genutzt, aber auch als Konstruktionsholz im Hochbau, im Schiffsbau sowie beim Wasserbau. Viele alte Glockenstühle sind, viele Geschützlafetten waren aus druckfestem, stoßfestem Rüsterholz gefertigt. Das maserwüchsige Holz der Flatterulme lieferte auch die berühmten Ulmer Pfeifenköpfe.

Schlagzeilen macht das Ulmensterben der letzten Jahrzehnte. Gegen Ende des Ersten Weltkriegs wurde ein aus Asien stammender Schlauchpilz nach Europa eingeführt. Dieser Blaufäulepilz ließ die Zellwände erst der Äste, dann des Stammes wuchern; damit wurde das haarfeine Wasserleitungssystem des Baumes verstopft. Von der Nährstoffzufuhr abgedrosselt, verdorrten erst einzelne Äste, dann ganze Bäume. Übertragen wird der Pilz von dem winzigen Ulmensplintkäfer. Diese auf Ulmen spezialisierte, bis dahin recht harmlose Borkenkäferart frißt sich ins junge Holz und infiziert die Bohrgänge mit den Pilzsporen.

Nach dem Abklingen der ersten Pilzepidemie kam es in den 60er Jahren zu einer zweiten, noch schwereren Invasion. In Nordamerika hatte sich ein besonders aggressiver Pilzstamm entwickelt, der nun, nach Europa zurückimportiert, selbst erprobt resistente Ulmenrassen binnen weniger Monate zum Absterben bringt. Zur Zeit werden Pfropfungen mit widerstandsfähigen asiatischen Ulmenarten erprobt. Das braucht seine Zeit. Dabei hatten ältere forstwissenschaftliche Handbücher noch anmerken können: »Von Krankheiten und Feinden leiden die Rüstern wenig ...«

Den Alten galt die düstergrüne Ulme als Baum der Trauer. Ihre herzförmigen geflügelten Samen sollen die Seelen vor den Totenrichter begleiten. Dorfbaum ist die Ulme oder Effe im Rheinhessischen. Ganze Dörfer lagen dort vor ein paar Jahren noch in einem geschlossen grünen Effenkranz. In Frankreich nennt man die Ulme auch Baum des heiligen Martin, weil aus dessen Pilgerstab eine Ulme gewachsen sein soll. Elmau, Ilmenau, Goethes Fluß, die Ilm in Thüringen, sowie natürlich Ulm haben ihren Namen von dem Baum. In Hieronymus Bocks Kräuterbuch erscheint die Ulme als Nistbaum eines Storchenpaares.

Die Dorfeffe von Schinsheim im Rheinhessischen »war einmal ein Gebirge von einer Ulme«. Als Gerichtsbaum wird sie erstmals 1368 erwähnt. 1933 hatte ein Blitz die Krone zertrümmert, aber erst mehr als vier Jahrzehnte später hörte das Wrack auf zu treiben. Gleich zwei Luther-Ulmen sind in der Region bezeugt. Die in Pfiffligheim bei Worms »entstand, als eine alte Frau ihren Stab mit dem Vorsatz in die Erde steckte, die neue evangelische Lehre so lange zu bezweifeln, bis der Stab grünen werde, der denn sogleich Wurzeln schlug«. Die andere Luther-Ulme besaß Pfeddersheim an der Pfrimm. Als Luther in seinem Rollwagen von der Ebernburg nach Worms fuhr, ritt ihm der Landsknechtsführer Georg von Frundsberg entgegen. Auf dessen Frage, ob er vor dem Reichstag die Sache des Evangeliums mannhaft vertreten werde, entgegnete der Reformator mit einem Verweis auf einen Ulmenzweig: »So wahr, als aus diesem Reislein ein mächtiger Baum wird.« Diese Pfeddersheimer Effe erlag erst zu Beginn des 19. Jahrhunderts einem Sturm.

Die von Ludwig Uhland als Wahrbaum der Reformation besungene Ulme im ruinösen Ostflügel des Klosters Hirsau im Schwarzwald gibt es nur noch im Gedicht. 1991 mußte sie wegen Pilzbefalls gefällt werden. Ein sechs Meter hoher Baumstumpf ist als Denkmal geblieben.

Der Speierling (Sorbus domestica), auch Sperberbaum, Spierapfel und in Österreich Arschitze genannt, gehört zu den Vogelbeerbäumen. Als Waldspeierling wird er bis zu 30 Meter hoch; als Feldspeierling bleibt er, mit ausladender Krone, niedriger. In Deutschland gibt es noch etwa 4000 ältere, fruchttragende Exemplare, davon ein Zehntel allein im Forstbezirk Bad Mergentheim im Tauberland. Im Fränkischen und Hessischen Bergland erreicht er seine nördliche Grenze, im Osten dringt er bis Sachsen-Anhalt vor. Der Speierling fruchtet im Waldbestand ab dem fünfzigsten Lebensjahr und wird bis zu 500 Jahre alt.

Ein Sonderling war er schon immer. So erscheint er bereits in frühmittelalterlichen Markbeschreibungen als arbor terminalis, als Zielbaum, als markantes Grenzmal. In der Würzburger Markbeschreibung aus dem Jahr 779 heißt es etwa: »dar der spirboum stuont«. Die Stadt Speyer trägt seinen Namen. Der Speierling ist einer der wenigen Bäume mit männlicher Namensform. Manchen Dendrologen, Baumkundlern, gilt er als der Stammvater unserer Ebereschen. Lange hat man angenommen, die Römer hätten den Feldspeierling bei uns eingeführt, und die Waldspeierlinge seien verwilderte Ausreißer. Daß der Spierbaum im Limesland kultiviert wurde, bleibt unumstritten; daß im Eichen-Hainbuchen-Wald jedoch so viele versprengte Einzelbäume seit römischer Zeit verwildert sein könnten, überzeugt wenig. Wahrscheinlich ist der Baum schon in der warmen Nacheiszeit bei uns von Südwesten her eingewandert und hat sich im Bereich des Weinbauklimas gehalten.

Als Waldspeierling und Feldspeierling führt er also ein Doppelleben. Im lichten Eichenmischwald ist die Elsbeere seine typische Begleiterin. Aber selbst im Kalkbuchenwald kann das lichtbedürftige Gewächs unter Umständen hochkommen und bis zu 30 Meter hohe geradschäftige Stämme ausbilden. Waldspeierlinge fruchten seltener und nicht so üppig wie ihre Brüder in der freien Feldflur. Diese erreichen nur die halbe Höhe, formen dafür jedoch eine ausladende Krone.

Von der Eberesche läßt sich der Sperberbaum leicht unterscheiden, so ähnlich das gefiederte Laub auch scheint. Der Speierling weist grünliche, fast kahle und klebrige Knospen, die Eberesche schwarzbraune, behaarte, trockene auf; der Blattstiel des Speierlings ist grün, der der Eberesche rötlich angehaucht; die korallenroten Ebereschenbeeren reifen Ende Juli bis August, die wachsgelben daumennagelgroßen Äpfelchen oder birnenförmigen Früchte des Speierlings erst im September; die Eberesche bleibt meist glattrindig, die Rinde des Sperberbaumes verborkt früh und gleicht der des Birnbaums.

Die früher übliche Mittelwaldwirtschaft, bei der die Bäume in regelmäßigem Turnus von 15 bis 30 Jahren freigestellt wurden, und der lichte Schirm alter Eichen ließ den Speierling besser hochkommen als später der geschlossene Hochwald. Hinzu kam die bevorzugte Aufforstung mit Nadelholz. So verlor der Baum ein Areal nach dem andern. Zusammen mit Elsbeere, Holzapfel, Vogelkirsche und Wildbirne wurde er lange rücksichtslos ausgehackt. Ein Bericht der Botanischen Gesellschaft Bayerns stellte 1915 lapidar fest, der Spierbaum sei in Oberfranken nachweislich durch die Forstbehörden ausgerottet worden. In der Flur mußte der Feldspeierling dem Siedlungsdruck, dem Straßenbau oder der Flurbereinigung weichen.

Daß sich die Vögel begierig über die Spierbeeren oder Sperbeln hermachen, kommt seiner Verbreitung zugute. Schlimm ist jedoch, daß die Mäuse mit den abgefallenen Früchten auch deren Samenkerne als Delikatesse verputzen und das Wild die spärlich aufwachsenden Jungpflanzen bevorzugt. Spätfröste und Pilzbefall bedrohen zudem den Speierlingsnachwuchs. In den letzten Jahren haben sich deshalb die Grünröcke der Nachzucht angenommen. So scheint das Überleben unseres seltensten Waldbaumes gesichert.

Das zähe, schwer spaltbare, aber elastische Holz mit einem der höchsten Trockengewichte aller europäischen Baumarten, wurde früher vor allem für die extremem Druck ausgesetzten Spindeln der ungefügen Baumkeltern oder Torkeln gebraucht. Als Möbelholz ist es inzwischen eine sündhaft teure Rarität. Gelegentlich wird es noch zu Billardstöcken oder Dudelsäcken verarbeitet, doch stehen jährlich in Europa nur etwa hundert Festmeter zur Verfügung. Als Schiffsbugholz brach der Sperberbaum nach altem Glauben den Wellenzauber der Meerfeien.

Die birnenförmigen Beeren wurden in den Kräuterfolianten des 16. Jahrhunderts als »Männchen«, die apfelförmigen als »Weibchen« bezeichnet. Hieronymus Bock, der vom Speierling noch sagen konnte, er sei am Oberrhein allgemein verbreitet, malte die Früchte so: »die werden gegen den Herbst gäl und sind alsdann auf der einen Seiten mit roten Farben gezieret, sonderlich die, so dem Sonnenschein entgegen hangen«. Nach dem ersten Frost werden die gerbsäurehaltigen Beeren teigig genießbar. Sie galten gedörrt, in Honig oder süßen gesottenen Wein eingelegt, als Mittel gegen Durchfall und Ruhr;

Bock empfahl sie allen, die »schlüpferige Bäuch« hätten, und noch der Weinsberger Dichter und Oberamtsarzt Justinus Kerner schätzte sie. Gedörrte Spierbeeren gehörten zur Reiseapotheke der Feldärzte. Die Franzosen brannten als Hausmedizin den Sorbette, den Speierlingsschnaps.

Christian Dillmann, Begründer des Realgymnasiums, hat unter dem Titel »Der Schulmeister von Illingen« eine Lebensbeschreibung seines Vaters verfaßt und erzählt, daß dieser, vom württembergischen Herzog am Stromberg zur Jagdfron aufgeboten, sich mit seinen Kameraden tagelang von Sperbeln und Wildbirnen ernährt habe.

Heute noch wird, vor allem um Frankfurt am Main, der Apfelmost mit Speierlingsmost verschnitten; je süßer die Äpfel geraten sind, umso mehr Spierbeeren braucht es. Die Gerbsäure der Sorbusfrucht fällt unerwünschte Eiweißverbindungen im Most aus, macht ihn haltbar, klar und verleiht ihm ein weiniges Aroma. Wenn kein Spätfrost die Blüte dezimiert hat, kann man von einem alten Feldspeierling bis zu zehn Zentner Obst ernten.

Wie die Eiche, in deren Gesellschaft er sich wohlfühlt, galt auch der Speierling als ein dem Donnergott geweihter Baum. Seine Zweige, aufs Dach oder in die Stube gesteckt, sollten das Haus vor Blitzschlag bewahren. Kästen, Truhen, Schränke aus dem rötlichbraunen feingemaserten Spierbaumholz waren, so hieß es, gegen Diebstahl gefeit.

Warum Albrecht Dürer auf seinem 1504 datierten Kupferstich Adam und Eva mit der Schlange unter einem Speierling statt unter einem Apfelbaum dargestellt hat, wird wohl sein Geheimnis bleiben.

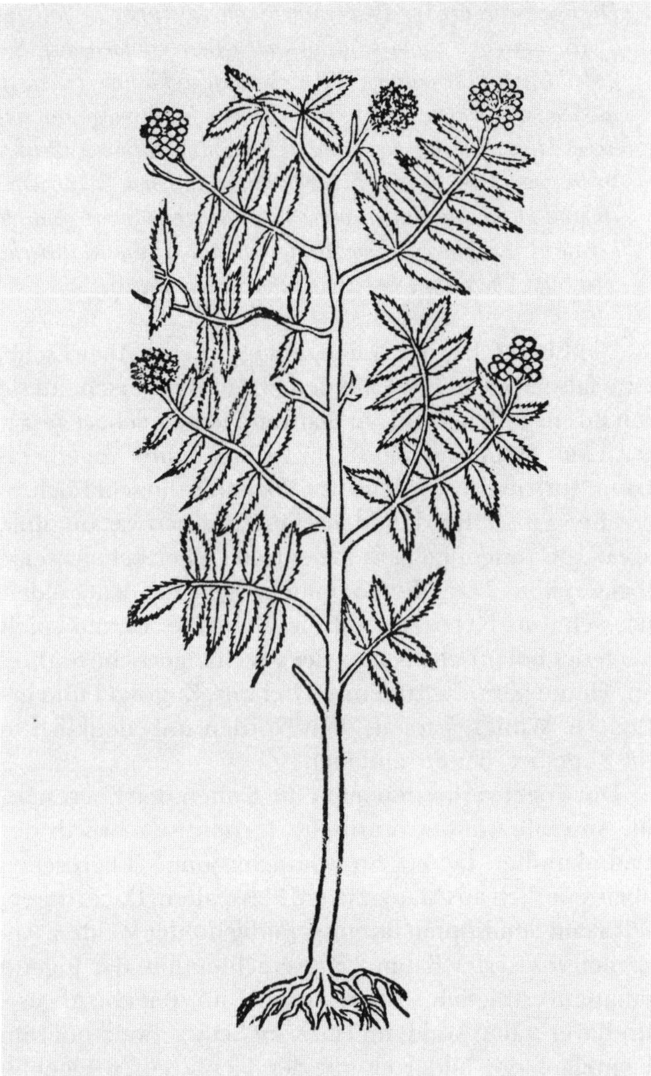

Die Eberesche, der Vogelbeerbaum (Sorbus aucuparia), fällt im Spätsommer mit ihren scharlachroten Beerendolden auf. Sie gedeiht auf trockenkargen Böden ebenso unbekümmert wie auf nassen, verdichteten oder im dichtesten Stadtsmog. Ihr rötliches Holz ist wenig dauerhaft, aber seidig schimmernd und schön gezeichnet. Es wird für dekorative Intarsien, Schnitzereien und Drechslerarbeiten verwendet. Ältere Stämme sind oft kernfaul. Eine wohlschmeckende Varietät ist die Mährische oder Süße Eberesche (Sorbus aucuparia var. edulis).

Die Eberesche, der Name sagt es, ist eine Aber-Esche, eine falsche Esche. Nur auf den ersten Blick erscheint sie mit ihrem gefiederten, am Blattrand jedoch scharf gesägten Laub eschenverwandt. Ihr zweiter Name Vogelbeerbaum spricht die Vorliebe der Vögel für die scharlachroten Beeren an; für den Menschen sind sie zwar ungiftig, aber roh ungenießbar. Fruchtrote Ebereschenzweige lockten vor allem die Krammetsvögel, die Wacholderdrosseln, ins Netz oder auf die Leimrute. Darauf spielt auch der botanische Name, der vogelfängerische Sorbus, an. Heute können, zumindest bei uns, Zugvögel und gefiederte Wintergäste aus dem Norden unbedenklich in die Vogelbeerbäume einfallen.

Die Vögel verbreiten auch die Samen der Eberesche, im Anschiß, wie der drastische Terminus technicus der Baumkundler lautet. So wimpeln junge Ebereschen abenteuerlich aus Mauerritzen, Felsspalten, Dachrinnen, selbst auf den Köpfen humusgründig hohler Weiden. Anspruchslos ist der Baum, kälteverachtend, in der Jugend schattenverträglich, robust gegen Ruß, Rauch, Abgase. Im Bayerischen Wald, im Harz, im Schwarzwald oder im Fichtelgebirge bildet er mit der Fichte einen eigenen

Waldtyp hart an der Grenze zur Strauchzone. Diese Ebereschen-Fichten-Gesellschaft ist als Schutzwald unverzichtbar. Vom Waldsterben kahl gewordene Hochlagen werden mit Ebereschen aufgeforstet.

Wie die Eiche und der verwandte Speierling war der Vogelbeerbaum dem Donnergott geweiht. Die Beerenzweige hing man als Blitzableiter an die Stalltüre. Mit den Laubzweigen wurde das Vieh bestrichen, damit es vor unholdem Hexenwerk sicher sei. In den ärmlichen Waldgegenden war das Holz bei den Drechslern und Spielzeugmachern so begehrt, daß »der Förster Not hat, die Bäume vor den ihren Holzbedarf nicht gern teuer kaufenden armen Drehern von Spielwaren zu beschützen«.

Der magenfreundliche Sechsämtertropfen, der seit mehr als hundert Jahren im Fichtelgebirge gebrannt wird, weist als Grundstoff Vogelbeeren auf. Wenig bekannt ist noch immer die Varietät der Mährischen oder Süßen Eberesche. Die erste Monographie dieses Baumes, 1890 erschienen, erzählt: »Vor nun etwa 80 Jahren haben höchstwahrscheinlich Hirtenknaben die Entdeckung gemacht, daß die Früchte einer Eberesche, welche sich unter zahlreichen anderen auf der Anhöhe hinter dem Bauernhofe Nr. 38 in Spornhau auf dem Felde wild wachsenden Vogelbeerbäumen befand, besser schmeckte als von den übrigen Bäumen.«

Spornhau liegt im nördlichsten Mähren. Ein Bauer, gärtnereikundig, veredelte einen jungen Baum an seinem Haus mit Reisern der süßfruchtigen Mutation. Von dort aus wurden die Schößlinge vegetativ vermehrt und in alle Gegenden der Donau-Monarchie und Deutschlands versandt. Die bitterstoffarmen oder ganz bitterstofffreien Früchte sind reich an Vitamin C.

Gemeinsam haben sie nur einen Namensteil, sonst sind sie miteinander nicht verwandt, die Roßkastanie (Aesculus hippocastanum) und die Edelkastanie (Castanea sativa), der Maronenbaum. Erstere ist seit dem 17. Jahrhundert als Parkgewächs und Alleebaum bei uns bekannt, während der Maronenbaum wohl schon in vorrömischer Zeit über die griechischen Kolonisten Südfrankreichs ins Elsaß und in die Pfalz eingewandert ist.

Im Herbst, wenn die goldgelben Blatthände der Roßkastanien das Licht der Sonne vervielfältigt sammelten und brachen, zogen wir Kinder zum Kastaniensammeln aus, bastelten Männchen mit Streichholzarmen, höhlten die ersten Pfeifenköpfe aus den mahagonifarben polierten Baumfrüchten und waren enttäuscht, daß deren Glanz so rasch zu einem trockenen Rotbraun abstumpfte. Unsere Eltern, Großeltern und Urgroßeltern hatten es schon so getrieben, und trotzdem ist die Roßkastanie, historisch gesehen, hierzulande ein junger Baum. Als der Wiener Gesandte Augerius Ghisglain von Busbeck 1555 mit Sultan Soliman II. einen mehrjährigen Waffenstillstand schloß, brachte er aus Konstantinopel ein paar in Mitteleuropa bis dahin unbekannte Gewächse an die Donau, darunter die Roßkastanie. Die Türken, so hieß es, hätten den Baum und seine Früchte so benannt, weil letztere, zerstampft, »den hustenden Pferden sehr behilflich« seien.

Der Botaniker Clusius, Direktor der kaiserlichen Gärten in Wien, pflanzte 1576 die ersten Kastanienbäume und verschickte deren Samen in ganz Europa. 1646 ist die erste Anpflanzung in Altdorf, dem Universitätsstädtchen der Reichsstadt Nürnberg, 1672 in der Mark Brandenburg, 1675 in Leipzig bezeugt. Die raschwüchsigen, breitschattenden Bäume mit den dekorativen weißen Blütenständen waren anfangs ein Modegewächs höfischer Parks und aristokratischer Alleen. Als Heimat der Roßkastanie vermutete man Mittelasien. Erst zu Beginn des 19. Jahrhunderts entdeckte man in den Schluchtwäldern Nordgriechenlands, Albaniens und Bulgariens ausgedehnte Bestände. Als Biergartenbaum wurde die Roßkastanie demokratisiert.

Ursprünglich gab es bei uns nur die weißblühende Balkankastanie mit den erst gelben, dann roten Flecken im Blütentüll. Die rotblühende Varietät entstand aus einer Kreuzung mit der kalifornischen Pavie. Das weiche, von vielerlei Pilzen bedrohte Holz wird als Blindholz für Türen und Möbel, vor allem aber für Steigen und Regale zum Lagern von Obst und Gemüse verwendet, da es deren Feuchtigkeit absorbiert, selbst aber in Geruch und Geschmack neutral bleibt.

In der jungen Rinde sowie in den Knospen findet sich das blau fluoreszierende Aesculin, das die ultravioletten Anteile des Lichts zu absorbieren vermag und pharmazeutisch zu Lichtschutzmitteln verwendet wird. Länger bekannt ist die Wirkung von Kastanienauszügen bei venösen Stauungsprozessen. Unausrottbar scheint der Glaube, eine Kastanie in der Manteltasche oder in der Hose bewahre den Träger vor Rheuma und Gicht.

Mit der zahmen Kastanie, der Edelkastanie, der Käste, dem Maronenbaum ist die Roßkastanie also nicht verwandt. Baumhistoriker haben sie lange als römischen Import angesehen, nur »scheinbar wild, waldbildend, außerdem zuweilen kultiviert und gelegentlich verwildert«. Julius Wilde dagegen hat überzeugend dargelegt, daß die

Käste schon von den griechischen Kolonisten um Marseille angepflanzt worden und von da ins Elsaß, in den Pfälzer Wald, vielleicht auch schon in den Schwarzwald, an die Bergstraße sowie in den Odenwald gewandert ist. Bronzezeitliche Funde beweisen zudem, daß der Maronenbaum damals schon am Nordsaum der Alpen heimisch war. Die Römer haben zwar mit dem Anbau der Käste nachgeholfen, sie aber nicht eingebürgert.

Die Edelkastanie gehört zu den Buchengewächsen, ist jedoch kalkscheu. Mit ihren glänzenden speerklingenartigen gezähnten Blättern, ihrem gelblichweißen Blütengehänge, ihren seeigeligen Fruchtbällen fällt sie im Wald sofort auf.

Das Kestenholz, so heißt auch ein elsässisches Weindorf, ist dem der Eiche an Widerständigkeit zumindest ebenbürtig, leichter spaltbar, eignet sich hervorragend zu Faßdauben und stellt die ausdauerndsten Rebstickel, Hopfenstangen, Zaunlatten. Hinzu kommt das unverwüstliche Ausschlagvermögen. Vinetum, salicetum et castinetum, also Wingert, Weidenstrich und Kästengehölz gehören am Oberrhein auf Buntsandstein und Urgestein zusammen.

Roh schmecken die Maronen einfach nur mehlig. Erst durch das Kochen oder Rösten wird ihre Stärke in Zucker umgewandelt, erhalten sie ihren Nußgeschmack. Zum Bild der winterlichen Großstädte im Süden gehört der Maronibrater, der für uns die Kastanien aus dem Feuer holt. Heiße »Käschde« gehören zum Federweißen, gedämpft werden sie im Blaukraut, als Brei schmecken sie zu Wildgerichten. Snobs dulden sie nur als Füllung in der Martinsgans.

Der Holzapfelbaum (Malus sylvestris) findet sich eingesprengt in lichten Wäldern, vom Auwald der Ebene bis zum Gebirge, in Hecken, Feldgehölzen, auf Steinriegeln. Wie bei der Wildbirne kommen auch verwilderte und eingekreuzte Kultursorten vor, die eine Bestimmung erschweren. Der Baum erreicht bis zu zehn Meter Höhe und wird mindestens hundert Jahre alt. Die Rinde blättert gern in großen Schuppen ab; die kurzen, oft dornartigen Seitentriebe enden meist in einer Knospe. Die haselnußgroßen gelbgrünen Äpfelchen sind hart und schmecken sehr herb.

Die Begegnung mit einem struppig zerzausten, dornig abwehrenden Holzapfelbaum im Wald oder im Schlehengehölz bleibt ein Erlebnis. Affaldra heißt der Baum bei der naturkundigen Äbtissin Hildegard von Bingen. Der Apfel ist unsere einzige heimische Obstart mit unzweifelhaft deutschem Namen. Die frühen Forstordnungen haben den Holzapfelbaum samt anderem Wildobst noch ausdrücklichem Schutz empfohlen, da sie der Schweinemast und Wildäsung dienten. Mit der Umstellung der lichten Bestände auf Hochwald, mit der Stallhaltung des Viehs verschwanden Holzapfel und Wildbirne immer mehr.

Pomologie, Obstsortenkunde, ist kein Fach mehr an unseren Hochschulen, die Literatur über die Herkunft unserer verschiedenen Kulturobstsorten entsprechend widersprüchlich oder vage. Gesichert scheint jedoch, daß bei der Zucht feinerer Apfelsorten hierzulande auch der strauchartig wachsende Paradiesapfel mit nur daumennagelgroßen Früchten eine Rolle gespielt hat; im Gegensatz zu den kahlen oder verkahlenden Blättern des Holzapfels sind seine Blätter an der Unterseite filzig weich behaart. Noch neuere Handbücher nennen Südrußland und Vorderasien als Heimat des Malus paradisiaca und behaupten, er komme in Deutschland nur verwildert vor.

Dabei hat Karl Bertsch 1949 auf den bisher ältesten Apfelfund in einer Hütte der Bandkeramiker bei Böckingen, einem Vorort Heilbronns, hingewiesen. Die verkohlte, knapp 6000 Jahre alte Frucht war ein Paradiesapfel und dieser selbst den Weingärtnern des Neckarlandes als Schleizling vertraut. In der Jungsteinzeit häufen sich dann die Funde gedörrter Holzäpfel.

Noch ein dritter Wildapfel, nach vielen Pomologen angeblich auch nur verwildert, ist schließlich zu nennen: der wilde Süßapfel (Malus mitis). Im Gegensatz zum strauchartigen Paradiesapfel mit seinen anderthalb Zentimeter breiten Früchten wächst der Süßapfel baumartig und trägt mindestens zwei Zentimeter breite Früchte. Bertsch hat ihn auf der Schwäbischen Alb gefunden.

Neben der Nutzung für Viehweide und Wildfütterung, Essigproduktion und Mostzusatz dienten die robusten Wildobstarten bis in unsere Zeit auch als Unterlagen für entsprechende Kultursorten. So traf Bertsch 1943 im Beuroner Klostergarten kerngesunde, prachtvolle Apfeltrachten, die heimischen Wildlingen aufgepfropft waren.

Bertsch hat die Entwicklung zum Kulturapfel so nachgezeichnet: Sicher bevorzugten die Steinzeitleute beim Sammeln und Verzehr die größten und appetitlichsten Früchte. Dabei passierten die Kerne den Darm, ohne daß sie zerstört wurden. Im Gegenteil, ihre Keimfähigkeit hatte sogar zugenommen. Apfelbäume säten sich so um die Siedlungen aus. Lichtstellung und bessere Böden förderten ihr Gedeihen. Bastarde entstanden zwischen dem größeren Holzapfel und dem süßeren Paradiesapfel. So waren schon gegen Ende der Steinzeit erheblich größere und wohlschmeckendere Äpfel vorhanden.

Der römische Historiker Tacitus hat um die Zeitenwende herablassend vom agrestia poma, vom ländlichen Obst der Germanen, gesprochen, ein Begriff, der dann mit Wildobst oft falsch übersetzt worden ist. Neben diesen heimischen Kultursorten bürgerte die römische Besatzungsmacht im Limesland ihre meist aus Vorderasien stammenden Kultursorten ein.

In den Obstgegenden zwischen Bodensee und dem Alten Land hat man dem Most, aber auch dem Apfelgelee früher gern die gerbsäurereichen Holzäpfel beigemischt. Bis in die Neuzeit wurden Holzäpfel zur Essigbereitung und zum Konservieren von Speisen gesammelt. Eine Bettstatt aus dem Holz des wilden Apfelbaumes verhieß Gesundheit und langes Leben.

Der um 825 angesetzte Klosterplan von St. Gallen hat den Obstgarten auf den Friedhof der Mönche versetzt. In der Mitte dieser Bauminsel ragte ein hohes Kreuz auf. »Unter den Bäumen der Erde ist stets das Kreuz der heiligste, an dem die Äpfel des ewigen Heils duften«, heißt es dazu. Schönheit und Duft des Apfels verliehen ihm heilende, erhaltende Kraft. Im Götterhimmel der Germanen besaß Iduna wunderbare Äpfel, die den Asen unvergängliche Jugend schenkten. Die Überreichung eines Apfels galt in den nordischen Sagen als Liebeserklärung.

Als Frucht vom Baum der Erkenntnis ist der Apfel ein Zeichen des Sündenfalls. Bis ins 18. Jahrhundert trug man bei Prozessionen auch Apfelbäumchen mit einem Totenkopf und einer künstlichen Schlange, die einen Apfel im Maul trug, mit. Der runde Apfel ist aber auch ein Sinnbild des Weltalls, der Erde, der Mutterbrust. Von

Ischtar über Aphrodite bis hin zu Maria mit dem apfelspielenden Kind ist der Apfel den Muttergottheiten zugeordnet. Maria hat den Eva-Apfel der Sünde und Verführung überwunden und wacht als Himmelskönigin über dem Reichsapfel, der Sphaira, der vollkommenen Kugelgestalt des Kosmos nachgeformt.

In E. T. A. Hoffmanns Märchen vom Goldnen Topf verfolgt ein böses Apfelweib den Studenten Anselmus und grinst ihm schließlich sogar als Türklopfer entgegen, heute noch zu bestaunen am Haus An der Eisgrube 16 in Bamberg. Wir sprechen vom Augapfel und vom Zankapfel, umschreiben die Kartoffel als Erdapfel und die Tomate als Liebesapfel, wir beißen in den sprichwörtlich sauren Apfel, der nicht weit vom Stamme fällt. Nach den Sprüchen Salomonis gleicht ein gutes, zur rechten Zeit gesprochenes Wort einem goldenen Apfel.

Unsere auf Holzleistungswert getrimmten Wälder sind für den Holzapfel, unsere EU-Marktordnungen und Handelsklassen für die Vielfalt der Tafeläpfel kein Paradies mehr. Obst wird nach dem Aussehen bewertet und verkauft. Die Richtlinien sagen dabei gar nichts über den biologischen Wert, über Aroma, Mineraliengehalt, Vitaminreichtum aus. Die Apfelsorte Freiherr von Berlepsch etwa enthält sechsmal mehr Vitamin C als Gloster oder Golden Delicious. Aber im Handel taucht er kaum mehr auf. Hinzu kommt, daß die meisten Äpfel baumreif, nicht eßreif geerntet werden. Ein eßreifer Apfel duftet.

Seltener als der Holzapfel ist die Wildbirne (Pyrus pyraster) geworden. Sie wächst bis zu 20 Meter hoch, ihre Zweige sind starr aufgerichtet, ihre Kurztriebe enden in einem Dorn oder einer Knospe. Die gelbgrüne, bis zu vier Zentimeter lange Frucht an längerem Stiel ist holzig und herbsauer.

Wildbirnenfunde aus prähistorischen Siedlungen sind spärlich gestreut, doch hat die Birne sicher während der Steinzeit die gleiche Kultivierung wie der Holzapfel erlebt: Eine bewußte Auslese nach Größe und Geschmack der Früchte und eine Anreicherung der besten Sorten um die Siedlungen. Anders als der Holzapfel wird die Wildbirne im Herbst mit der Zeit teigig und genießbar. Schon in karolingischer Zeit berichtet der Gartenautor Walahfrid Strabo von Kulturbirnen auf dem Klostereiland der Reichenau, von denen eine die ganze Hand ausfülle.

Geschätzt wird am Wildbirnenbaum bis heute das Holz, das an Härte die Stammstücke der Kulturbirnen übertrifft. Das bei Neumond an einem Nordhang geschlagene Stück galt als das beste. Das gleichmäßig gemaserte Birnbaumholz wird im Möbelbau verwendet, vom Bildschnitzer und Modelmacher geschätzt. Die spätmittelalterlichen Meister des Holzschnitts arbeiteten am liebsten auf Platten aus Birnbaumholz, weil das noch bessere Buchsbaumholz zu rar war.

Die kleinfrüchtigen Mostbirnen erinnern an ihre Herkunft vom Holzbirnbaum. Mit ihrem hohen Gerbstoffgehalt liefern sie einen haltbar klaren, sektartig perlenden Most, der gern mit dem weicheren Apfelwein verschnitten wird. Vor allem zum Landschaftsbild Hohenlohes gehören die vom Schatten mächtiger Mostbirnenveteranen gesprenkelten Landsträßchen und Feldwege.

Johann Friedrich Mayer, einer der aufklärerischen Reformatoren der Landwirtschaft, hat 1785 den Anbau der Mostbirne »in unserem kultivierten Franken« gerühmt: »... unsere Mostbirnen übertreffen da alle anderen Sorten; unsere Bauern ziehen von ihren Bäumen öfters mehr als von ihren Äckern und Wiesen; ein mäßiger Baum gibt ein Fuder des besten Mosts, so für 40, 50, auch 60 Gulden verkauft und in einer Schenken Maßweis von 12 Kreuzer ausgezapft wird ... dieser Birnwein, welcher sich zwei, drei Jahre hält, die Farbe so schön hat als der beste Rheinwein, klar und hell wird, muß also wohl gut sein, dem geringen Traubenwein gleich zu kommen ... er ist zwar nicht das Getränke verzärtelter Gaumen ... bei Heerzügen leistet er unseren Bauern eine mächtige Hilfe; der Soldat zieht ihn dem Wein aus den Gasthäusern vor ...«

In Sprichwort und Brauchleben führt der lichtbedürftige Birnbaum lediglich ein Schattendasein. Der achtlos weggeworfene Birnenstiel wurde gleichnishaft für eine Nichtigkeit angesehen. Der Nürnberger Hans Sachs, Schuhmacher und Poet dazu, der als Geselle durch den Spessart nach Frankfurt am Main gezogen war, erzählt 1562 in seinem Schwank »Von dem frommen Adel«, daß im Spessart einst räuberische Rotten ihr Unwesen getrieben hätten, jetzt aber die Straßen sicher seien:

»Wer jetzt durch den Spessart züg
Und Gold auf seinem Haupte trüg',
Man nähm' ihm nicht einen Birnenstiel ...«

Auf der Walserheide beim oberösterreichischen Wels soll der kahle Birnbaum aufblühen, wenn es zur letzten großen Schlacht kommt, der ein neues Friedensreich folgen wird. Friedrich Theodor Vischer berichtet, der schwäbisch-herbe Ludwig Uhland habe, wenn lästiger Besuch ihn umdrängte, »einen prachtvollen stummen Holzbirnenkopf hinmachen können«. Den bekanntesten Birnbaum der deutschen Literatur hat Theodor Fontane mit seinem Gedicht »Herr von Ribbeck auf Ribbeck im Havelland« beschworen. Der Birnbaum stand auf dem Friedhof von Ribbeck, bis ihn 1911 ein Sturm brach. Nach der Wiedervereinigung Deutschlands wurde ein neuer »Ribbeck« nachgepflanzt, der 1994 die ersten Früchte trug.

Mit seinem schneehellen Blütenflor ist der Birnbaum wie eine Verheißung des Frühlings. In einem Brief vom 3. Mai 1848 erzählt Eduard Mörike von einer seligen Gartenstunde an der Wachbach in Mergentheim, wo auch seine »Idylle vom Bodensee« entstanden ist: »Ich stellte uns're weiße Bank unter den blühenden Birnbaum, welcher dicht am Gartenhaus seine beweglichen Schatten so zart an dessen helle Wände warf ... und ließ im sichersten Bewußtsein meiner Einsamkeit, nur im Gefühl, daß Ihr mir heimlich nahe seid, den Frühling durch alle Poren in mich rinnen.«

Die Vogelkirsche, Wildkirsche, Waldkirsche (Prunus avium), unser häufigstes Wildobst, erreicht auf guten Standorten 25 bis 30 Meter Höhe und ist an ihrer glänzenden waagrecht gestreiften Rinde und ihrem Harzfluß leicht zu erkennen. Die Weichselkirsche (Prunus cerasus), vom nordostdeutschen Flachland bis zum Oberrhein verbreitet, scheint dagegen eingebürgert zu sein.

Stammform der Süßkirschen ist die Vogelkirsche unserer Wälder, die im Frühling als weiße Blütenfackel leuchtet und im Herbst mit ihrem lohroten Laub die Waldsäume färbt. Die Stammform der Sauerkirsche ist dagegen die Weichsel. Von ihr fanden sich Kerne in römischen Siedlungen der Nordschweiz sowie in den Brunnen des Kastells Saalburg im Taunus. Die ältesten bekannten Kerne der Vogelkirsche stammen aus einer mittelsteinzeitlichen Siedlung bei Kempen am Niederrhein. Die in Hall am Kocher gefundenen Steine aus keltischer Zeit lassen auf Kultivierung schließen und geben Kernen der römerzeitlichen Funde an Größe nichts nach.

Saftige Süßkirschen hat bekanntlich der römische Konsul Lucius Lucinius Lucullus im Jahr 68 vor der Zeitenwende an der Südküste des Schwarzen Meeres bei der Stadt Kerasos entdeckt, wo, anders als beim persischen Pfirsich nicht die Landschaft der Frucht, sondern die Frucht der Stadt den Namen gegeben hat; kerasos nannten die kleinasiatischen Griechen den Baum. Lucullus, weniger als Feldherr in die Kriegshistorie, denn als Feinschmecker in die Kulturgeschichte eingegangen, hat die appetitlichen Kirschen nach Italien verpflanzt und seine Landsleute haben sie binnen eines Jahrhunderts bis nach Britannien gebracht. Jenseits der Alpen, so der römische

Naturgelehrte Plinius der Ältere, bringe der Kirschbaum noch aromatischere Früchte als am Mittelmeer: »Er liebt den Norden und die Kälte.«

Die Vogelkirsche hat ihren Namen von den Vögeln, die ihre Samenkerne verbreiten. Holzwirtschaftlich lohnt sich ihr Anbau im Forst, nachdem die Obstbauern der leichteren Ernte wegen fast nur noch Kirschbäumchen mit zwei, drei Meter Stammlänge aus den Baumschulen beziehen. Die Nachfrage nach Kirschbaumholz ist nach wie vor rege. Das schön gemaserte Möbelholz, das im Alter einen rötlich warmen Goldton bekommt, strahlt Eleganz und Behaglichkeit in einem aus. Kirschbaummöbel und Biedermeier gehören für uns zusammen.

Von dem früheren Sortenreichtum unserer Kirschen können wir nur noch träumen. 1819 erschien im Cotta-Verlag ein Kompendium der in Deutschland kultivierten Kirschen mit 441 Varietäten. Verfaßt hatte es Christian Freiherr Truchseß von Wetzhausen. Auf seiner Bettenburg in den Hassbergen hielt er für Künstler und Literaten frei Haus.

Unsere Großeltern sammelten noch Kirschkerne, füllten damit ein Leinensäckchen, erhitzten den »Kernsack« am Herd und benutzten ihn winters als Bettflasche. Aus Weichsellohden wurden die langen Pfeifenrohre gefertigt. Der Gummifluß des Kirschbaums, auch Katzengold genannt, ergab, in Wein aufgelöst, einen Hustensaft. Früher nutzte man ihn auch zum Steifen der Filzhüte.

An Kirschen ißt man sich schwer über, und während sonst die Überproduktion von Obst und Gemüse zu irrsinnigen Vernichtungsaktionen führt, um die Erzeugerpreise stabil zu halten, können Kirschen gar nicht genug reifen. Denn zur Kirsche, dem Herzblut des Sommers, gehört der Kirsch, und die Kirschwassererzeuger nehmen den frischen und auch nicht mehr ganz so frischen Marktüberschuß mit Kußhand. Wie die gedörrten Kirschen, galt auch der geistreiche Kirsch als probate Medizin. Im Zedlerschen Universal-Lexikon von 1737 heißt es: »Das Wasser, welches aus denen schwarzen Vogel-Kirschen gezogen wird, ist ein kräftiges Herzstärkendes Wasser und eine berühmte Haupt-Arznei, fürtrefflich in der fallenden Sucht, Schwindel, Schlag, Lähmung der Zungen, verlorner Sprach und Stein.«

Bis vor wenigen Jahrzehnten stand St. Peter und Paul, der 29. Juni, als »Kirschenpeter« rot im Kalender; auch da, wo er kein kirchlicher Feiertag war, wurde trotzdem von Ort zu Ort schulfrei für die Kirschenernte gegeben.

»Rote Kirschen eß ich gern,
schwarze noch viel lieber
in die Schule geh ich gern
auf die Gaß' noch lieber«,

trällerten wir als Kinder. Die sprichwörtlichen Kirschen in Nachbars Garten illustrieren die verbotenen Lüste. Als »der Gemeinde Kirschbaum« bezeichnete man eine Weibsperson, die es mit der Wahl und Zahl ihrer Verehrer nicht so genau nahm. Als Ohrgehänge steht die Doppelkirsche großen und kleinen Evastöchtern. Dagegen ist mit großen Herren bekanntlich nicht gut Kirschen essen; sie spucken einem die Kerne ins Gesicht.

Die Kirsche, so heißt es aber auch, ist eine Jungfer im Laub; sie trägt einen roten Rock, weint, wenn man sie drückt und hat trotzdem ein Herz von Stein.

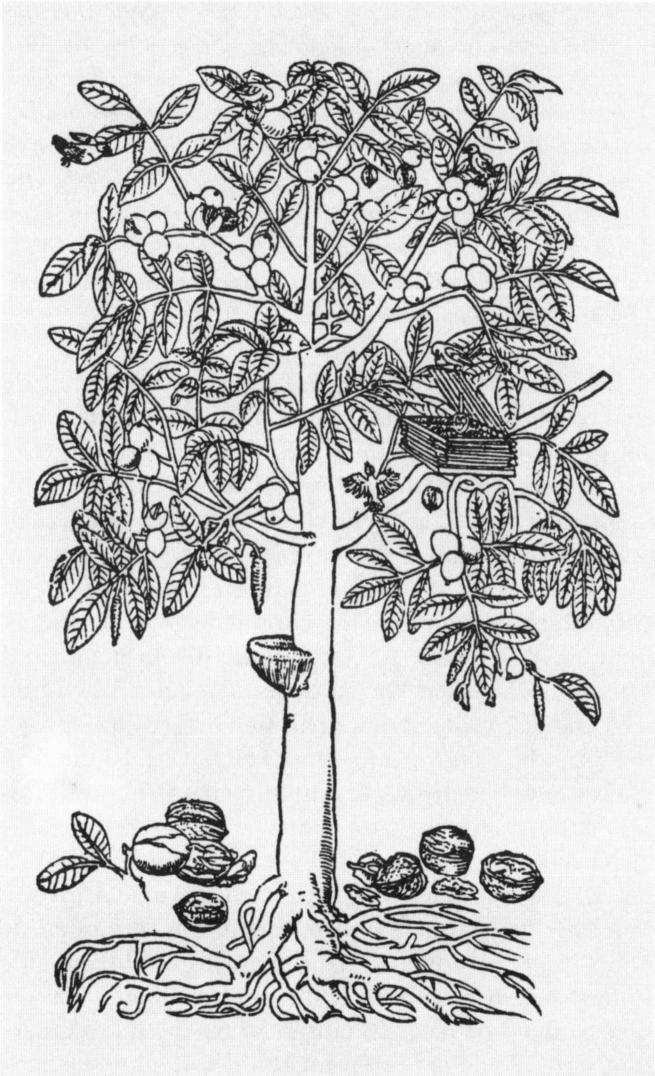

Die großfrüchtige Walnuß, also der welsche Nußbaum (Juglans regia), ist an der aschgrauen, silbriggrauen, im Alter rissigen Rinde sowie an den ledergrünen aromatischen Blättern leicht zu erkennen. Der stattliche Baum ist römischer Import. Daß sich am Bodensee in jungsteinzeitlichen Siedlungen auch Schalen zwei bis drei Zentimeter großer Nüsse gefunden haben, und diese Art (Juglans germanica) noch bis in unser Jahrhundert dort anzutreffen war, ist kaum bekannt. Nußloch bei Heidelberg, 776 erwähnt, hat seinen Namen vom welschen Nußbaum der Römerzeit.

Der botanische Name Juglans regia bedeutet soviel wie die königliche Eichel des Jupiter. Die südliche Herkunft der großfruchtigen Walnuß bedingt auch ihre stete Gefährdung durch Spätfröste. Der Markustag, der 25. April, ist als »Nußfressertag« gefürchtet. Deshalb bemüht man sich um die Züchtung spätaustreibender Sorten. Da der Walnußbaum wie die meisten andern Laubbäume neun Zehntel seiner Saugwurzeln während der Winterruhe abstößt, speist sich der erste Neutrieb aus den in Stamm und Ästen eingelagerten Vorratsstoffen. Weiteres Wachstum setzt erst dann wieder ein, wenn sich im erwärmten Erdreich frische Saugwurzeln entwickelt haben. Ist die Zeitspanne zwischen frostverbranntem Neuaustrieb und Wurzelwachstum zu lang, kann der ganze Baum absterben.

Nicht nur frostgeschützte Lagen braucht der Walnußbaum, sondern auch viel Platz. Seine Wurzeln greifen weit über den Kronenbereich hinaus. Das vermodernde Laub birgt für andere Pflanzen wachstumshemmende Bitterstoffe. Während die früher aus Sämlingen gezogenen Bäume erst nach 15 Jahren zu fruchten begannen, sind jetzt veredelte Sorten im Handel, die bereits nach drei, vier Jahren tragen. Länger haltbar sind die Nüsse erst, wenn die knackiggrünen Bälge von selbst aufplatzen. Wenn der Nußmantel zu einer lederbraunen Kutte schrumpft, werden die Nüsse herausgelöst, gewaschen und an der Sonne getrocknet.

Das kontrastreich gemaserte Holz ist nicht erst seit dem Barock und Rokoko als Möbelholz begehrt; auch viele gotische Chorgestühle sind daraus geschnitzt. Da Nußbaumholz kaum splittert, wurde es vorzugsweise auch zu Gewehrschäften verarbeitet. Jeder Krieg, jede Wiederaufrüstung hat so die Bestände gelichtet.

In seinem biedermeierlichen Deutschland-Buch hat Carl Julius Weber über die Walnußalleen der Bergstraße und deren vielfältige Nutzung geschrieben: »Nüsse geben die Hälfte ihres Gewichts an Öl, und gleich schätzbar sind das Holz und die masrige Wurzel des Baumes; die Nußkuchen«, also die Nußtrester, »sind Futter für das Vieh, und aus den Blättern und grünen Schalen macht man eine gute schwarze und braune Farbe ... Man hat schon jährlich an die 30000 Stück Büchsenschäfte von Nußbaumholz ausgeführt, und ich selbst hatte die Bittschrift in der Hand, wo ein Bauer sein Heiratsgesuch mit einem Nüsseertrag zu 300 Gulden motivierte.«

Mit den grünen Schalen färbte man sich Haare und Teint dunkel. Die stark aromatischen gedörrten Blätter wurden bei Epidemien verbrannt, um die Stubenluft zu reinigen. In der mittelalterlichen Küche mußten die gedörrten grünen Bälge und das junge noch braunrote Laub als Ersatz für den sündhaft teuren Pfeffer herhalten. Nußbaumblättertee galt als heilkräftig gegen Hautkrankheiten, Rheuma, ja sogar Nervenleiden. Wichtig war dabei an vielen Orten, daß die Blätter am Johannistag, 24. Juni, gesammelt wurden. Für eine merkwürdige Affinität zwischen Sommerjohanni und Walnuß spricht auch der Bericht des Kräutervaters Hieronymus Bock: »Auf dem Rhein, nämlich zu Wesel ist ein Nußbaum gewachsen, der hat sein Laub und Nuß nit eher bracht, dann auf St. Johannstag; alsdann ist der Baum mit Laub und Frucht den andern Nußbäumen ganz gleich gewesen, welches mich bedünkt ein besonder Geheimnis der Natur zu sein.«

Nicht als Naturgeheimnis, sondern als Mirakel wurde 1583 gewertet, daß ein Nußbaum bei Campolongo in der Nähe von Görz in Friaul bisher nach dem alten römischen Kalender an Johanni ausgetrieben und nach der Kalenderreform sich prompt der neuen Datierung gefügt hatte: »All die es hören, halten es für ein groß Wunder, daß auch der Baum sich nach dem Papst und der katholischen Kirche richtet.«

Zu neuem Wein und trockenem Brot geben sich die Walnüsse ein gutes Stelldichein, hochbordige Koggen im Miniaturformat, die als Rheinweinfrachter bei allen Störtebekern begehrt waren. Skepsis scheint ihre Schalen gemasert zu haben. Scharfe Längsfalten und verwitterte Klüfte kerben das Nußgesicht. Walnüsse mit breiten Backenknochen, die beim Aufknacken die Finger striemen, geht man besser mit dem Gebiß des Nußknackers an. Die meisten freilich ergeben sich dem bloßen Druck der geknoteten Hände; an der Spitze spalten sich die Nähte beider Schalenhälften, bis sie von den Daumennägeln gelupft und gesprengt werden. Dünnschalige Nüsse bergen oft einen welken Kern oder ekles Wurmmehl. Auch hier enttäuschen Dickköpfe weniger. Bei reifen Nüssen erscheinen die Kerne blond wie Augustweizen, kompakt wie eine Honigwabe, kostbar und verborgen wie ein Goldschatz der Keltenzeit. Schweren Weinen halten sie gut Widerpart.

Carl Julius Weber verglich die Nüsse, die man erst aus ihrem grünen Balg graben mußte, mit ungebildeten Menschen, die dünnschaligen mit Intellektuellen, die Polternuß mit manchen Großkopfeten. Und er fuhr fort: »Jean Paul, der frische Nüsse mit Mädchen vergleicht, wo man erst die grüne, dann die steinerne und zuletzt die Spinnwebenhaut zu schälen hat, ehe man zum Kern kommt – Frauen aber mit älteren Nüssen, die man nur aufzumachen braucht – irret!«

Seit der Antike gilt die Nuß als Gleichnis der Fruchtbarkeit. Wenn im Herbst viele Nüsse ins Gras prasseln, gibt's im nächsten Jahr viele uneheliche Kinder. Junge Frauen im Brautstand sollen viele Nüsse essen. Angeblich war es früher Pflicht eines jüdischen Brautpaares in der Hochzeitsnacht den Schöpfer zu loben, daß er den Nußbaum in den Garten Eden gepflanzt habe.

Wir sprechen vom Kern einer Sache, zu der wir erst vorstoßen, wenn wir den Schalenkram entfernt haben. Das Wesentliche läßt sich in einer Nußschale bergen. Der gelehrte Pater Gabriel Bucelin des oberschwäbischen Klosters Weingarten titulierte eine seiner 90 Schriften, einen Abriß der Weltgeschichte von Adam und Eva bis Kaiser Ferdinand IV., barock verschnörkelt so: »Nucleus, der ganzen Universalhistorie Nußkern.«

Im Zweiten Buch von »Werthers Leiden«, unterm Datum des 15. September, läßt der junge Goethe seinen Helden über die abgehauenen Nußbäume in einem Pfarrhof klagen. Das alte Weltkind Goethe pflegte den Spruch zu zitieren: »Gott gibt die Nüsse, aber er knackt sie nicht auf.«

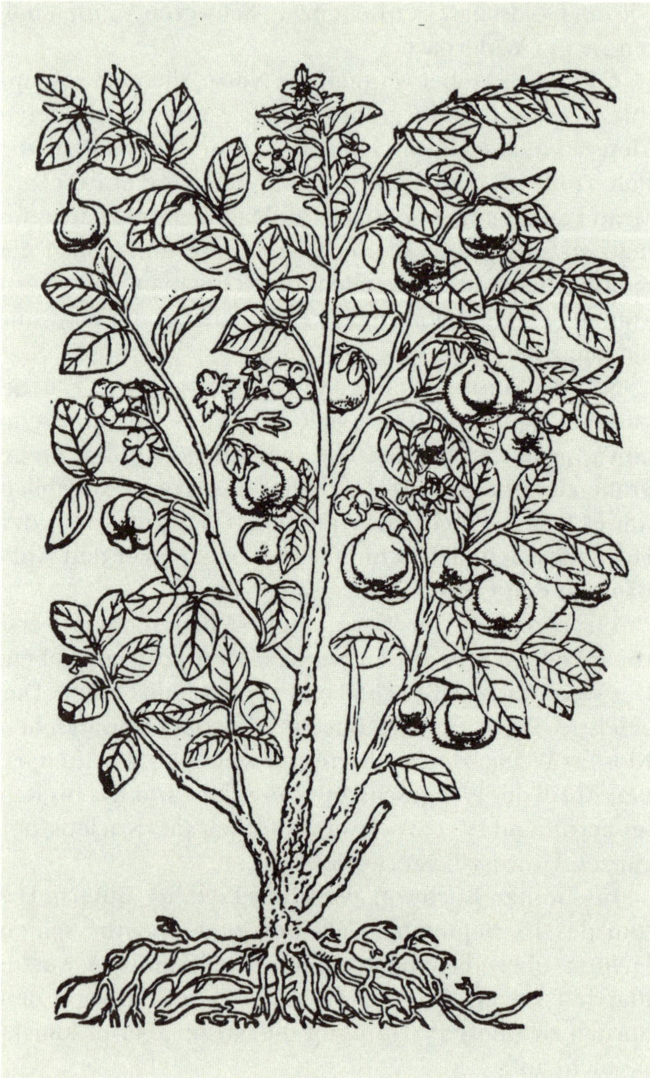

Der Quittenbaum (Cydonia oblonga) stammt aus dem Kaukasus und Kleinasien; über Hellas und Rom kam er zu uns, wo er nur kultiviert oder verwildert vorkommt. Er wird selten mehr als vier Meter hoch. Wegen seiner späten Blüte ist er recht ertragstreu.

Im Historischen Weinberg gehörte die Quitte zu den wärmeliebenden Begleitern der Rebe, den aus den Gärten verpflanzten, geflüchteten, verwilderten, geduldeten Kulturgewächsen. Die Römer pflanzten sie bei uns im Weinbauklima. So erklärt es sich, daß die Quitte am Rhein, in Süddeutschland und Österreich »viel häufiger im verwilderten Zustande an Waldrändern, in Feldgehölzen, Hecken, Auengebüschen gefunden wird als in anderen Gegenden Mitteleuropas.«

In seiner Naturgeschichte sagte Plinius der Ältere, Quitten lege man wegen ihres Wohlgeruchs in den Salons aus und vor die Bilder der Nachtgottheiten. Diese Sitte hat sich in Italien bis in unser Jahrhundert erhalten. Reife Quitten erfüllen im Herbst mit ihrem Duft das ganze Haus. Als Cotonarius wird die Quitte im karolingischen Capitulare de villis, einem Katalog anbauwürdiger Pflanzen, aufgeführt. Die mondgelben Früchte geben unseren Weinbergen da und dort noch südliches Kolorit.

Sonne können die Quitten gar nicht genug bekommen, auch wenn der zögerlich wachsende Baum sonst recht anspruchslos ist. Selbstbefruchtend, kann er auch für sich allein gepflanzt werden. Ein Frühfrost im späten Herbst schadet den Früchten nicht; nur wenn sie gebrochen sind, sollte man sie frostfrei lagern.

Die Früchte sind je nach Sorte apfelförmig oder birnenförmig, holzig hart und von einem feinen weißen

Flaum umhüllt, der vor dem Verarbeiten einfach mit einem Tuch weggewischt wird. Birnenförmige Quitten sind im Fruchtfleisch, eigentlich Fruchtholz, etwas saftiger, apfelförmige trockener, härter, aber auch aromatischer. Die Griechen kochten die melon genannte Frucht, mangels Zucker, gern mit Honig, meli, ein und nannten das Gelee melimelon. In den Mittelmeerländern entwickelte sich daraus das italienische marmellata, französische marmelade, spanische mermelada, portugiesische marmelada. Anno 1597 soll in Hamburg erstmals »Spanischer Marmalada« angeboten worden sein. Allmählich hat man diese hochgestochene Bezeichnung fürs Quittenmus auf alle anderen Konfitüren übertragen.

»Etliche halten sie für die guldenen Äpfel der Poeten«, schrieb der Frankfurter Stadtphysikus Adam Lonicerus in seinem Kräuterbuch. Gemeint sind damit wohl die Äpfel der Hesperiden, vielleicht auch der Apfel, den der trojanische Prinz und Playboy Paris, laut Homer, bei der Wahl der Schönheitskönigin im Olymp der Liebesgöttin Aphrodite zuwarf. In der Antike gehörten Quitten mit ihrem Widerspiel von holziger Herbe und aphrodisischem Wohlgeruch zum Brauchleben der Hochzeitsnacht. Im Wörterbuch der deutschen Volkskunde fehlt das Stichwort Quitte.

Mit ihrem hohen Anteil an Pektin, natürlichem Gelierstoff, vor allem im Kerngehäuse, gilt die Quitte als heilsam gegen Entzündungen der Atemwege und Schleimhäute. Hildegard von Bingen empfahl sie, gekocht oder gebraten, bei Gichtleiden. Unsere heutigen Quittenrezepte sind nur noch kulinarischer Art, vom Quittengelee mit Ingwer über kandiertes Quittenbrot und Quittenkompott bis hin zu Quittensaft, Quittenlikör und Quittenwein. Von Goethes Großmutter, der Lindheimerin, hat sich ein Quittenrezept aus dem Jahr 1724 erhalten, ebenso von Schillers Mutter, der Marbacher Löwenwirtstochter Elisabetha Dorothea Kodweiß. Sie verfeinerte ihre Quittenhäppchen mit einer abgeriebenen Zitronenschale und »feinem Canarien Zucker«. Der Schillerverein in Marbach am Neckar gab das Rezept zum 250. Geburtstag der Dichtermutter als Faksimile heraus, in quittengelbem Umschlag, versteht sich.

In der bildenden Kunst macht sich die Quitte rar. Eine frühe Darstellung findet sich in der Kirche des ehemaligen Zisterzienserinnenklosters Himmelthal im Tal der Elsava, im Spessart. Dort weist der Grabstein der 1324 verstorbenen Nonne Katharina Quidenboum, der letzten Erbin einer Aschaffenburger Patrizierfamilie, einen von Vögeln belebten früchtebehangenen stilisierten Quittenbaum im Relief auf.

Auch in der Poesie blieb die Quitte eine aparte Außenseiterin. In dem »Herbstlied« des Johann Gaudenz von Salis-Seewis aus dem 18. Jahrhundert findet sich folgende Strophe:

»Sieh, wie hier die Dirne
Emsig Pflaum' und Birne
In ihr Körbchen legt;
Dort, mit leichten Schritten,
Jene goldne Quitten
In den Landhof trägt!«

Der Schlehdorn oder Schwarzdorn (Prunus spinosa) wächst an Waldrändern, Rainen oder in Hecken, bildet auf Ödland oft undurchdringliche Dickichte und wächst bis zu drei Meter hoch. Die schwarzblauen Beeren sind erst nach ein paar Nachtfrösten genießbar. In jungsteinzeitlichen Siedlungen hat man zahlreiche Schlehenkerne gefunden. Unsere Pflaumen entstanden durch eine Kreuzung der orientalischen Kirschpflaume mit der Schlehe.

Dem Namen Schwarzdorn zum Trotz holt die blühende Schlehenhecke die weißquellenden Frühlingswolken vom Himmel. Knochendürr, schwärzlich starrend, wie von einem Buschfeuer versengt, schraffieren seine Heckenzeilen die Landschaft, bis sie nach einem warmen Aprilregen Gischtbändern gleich über die Hänge wogen. Erst nach dem flüchtigen Blütenschnee erscheint der Spitzenschleier der jungen Laubblättchen.

Trotz ihrer dornigen Unnahbarkeit haust die Schlehe gesellig mit Berberitze, Feldahorn, Hartriegel, Heckenrose, Weißdorn und Liguster. Ihre Stämmchen wurden zu Spazierstöcken, ihre Reisigpakete für die Gradierwerke der Salinen verwendet; mit der Rinde färbte man Wolle und Leinen rot. Sonst hat man sie zum Einhegen der Felder, Gärten, Obststücke gepflanzt, nicht nur gegen Wild und Vieh, sondern auch, um die Kulturen »vor den bösen mausichten Buben zu verwahren.«

Bei der Äbtissin Hildegard von Bingen wird der Strauch schon »Slehe« genannt. Albertus Magnus gebrauchte anscheinend erstmals die Bezeichnung spina nigra, also Schwarzdorn. Eine Waldordnung des Hochstifts Speyer aus dem Jahr 1466 prangerte ihn als »Unholz« der Wälder an.

Schlehendickichte sind ideale Vogelschutzgehölze, auch fürs Rebhuhn. Mehr als einhundert Falterarten bevorzugen den Schwarzdorn als Eiablage und als Nahrungsquelle für die Raupenbrut. Einige Arten sind fast ausschließlich auf die Schlehe angewiesen, so der Segelfalter, die Kupferglucke, die nächtlich schwärmenden Ordensbänder sowie verschiedene Zipfelfalter.

Wenn ein paar Nachtfröste die kugelig prallen gerbsäurehaltigen Beeren im Zweigfiligran einrunzeln liessen, sind die Schlehen roh genießbar. Auf diese Frostkur spielte der alemannische Waldbruder und Poet Emil Gött in einem seiner Sprüche an:

»So mancher Mensch hat Schlehen-Art;
Am grünen Zweig ist er herb und hart.
Und erst der Reif einer Winternacht
Mürbe ihn und genießbar macht.«

Wer Schlehenmus, Schlehensaft, Schlehenlikör, Schlehengeist bereiten will, kann heutzutage die reifen Beeren in die Tiefkühltruhe legen. Hieronymus Bock erzählte, die armen Leute sengten die Schlehen überm offenen Feuer, um sie schmackhaft zu machen und fügte hinzu: »Der Hunger lehret gar viel seltsamer Speisen essen ...« Der Tee der Schlehenblüten galt als blutreinigend, als Entschlackungskur, ein unmännlicher Trank, der früher manchem Buben die Lust am Lenz vergällte.

Weitverbreitet ist folgender Glaube: Wer die ersten drei Schlehenblüten im Frühling ißt, bleibt das Jahr über vor Sodbrennen und Fieber bewahrt. Weiter läßt das Blütenorakel auf die Vegetation des Sommers schließen. So viele Tage der Schwarzdorn vor dem Jörgstag, also dem 23. April, blüht, so viele Tage vor Jakobi, dem 25. Juli, geht man in die Ernte. Der Winzer schloß von einem vollen Schlehenflor auf einen gesegneten Herbst.

Schlehenwein spielte früher im Siegerland eine Rolle. 1493 etwa ist die Ausfuhr eines Fasses »sleenwyns« über Köln nach Breda bezeugt, und noch 1736 notierte der Naturforscher Johann Christian Senckenberg übers Siegerland: »Schlehen sind hiesiger Wein.« Der angeblich bei Matrosen beliebte Oporto soll eine Mischung aus Schlehensaft, Apfelmost und Branntwein gewesen sein.

In seinem um 1300 geschriebenen Lehrgedicht »Der Renner« mit wohlgezählt 24600 Versen hat der dichtende Schulmeister Hugo von Trimberg seiner Zeit einen bürgerlich-allegorischen Sittenspiegel vorgehalten. Hier beschreibt er die Schlehe als armes Waldkind, im Gegensatz zur stolzen Hagebutte im hoffärtig roten Rock:

»Die Reichen wollen, daß man sie flehe
Zu der Hiffen sprach die Schlehe
Fraue in euerm roten Röckelein
Laßt uns Arme bei euch sein.
Gedenket von wem ihr seid geborn
Unsere Mutter war auch ein Dorn!
Vorher ward ihr grün, nun seid ihr rot.
Doch hat uns alle derselbe Gott
Gemachet, der euch hier wachsen ließ ...«

Am Freitag soll man keine Schlehen essen. Jedenfalls beichtet in Hugo von Trimbergs Lehrgedicht eine Frau, sie habe an einem Freitag drei Schlehen gegessen und danach vom Pfarrer acht Kinder empfangen. »Blüht der Schlehdorn stark, gibt's viel uneheliche Kinder«, sekundiert ein Sprichwort. Der Frühling, so scheint es, rumort gewaltig in dem sperrigen Hagestolz Schwarzdorn.

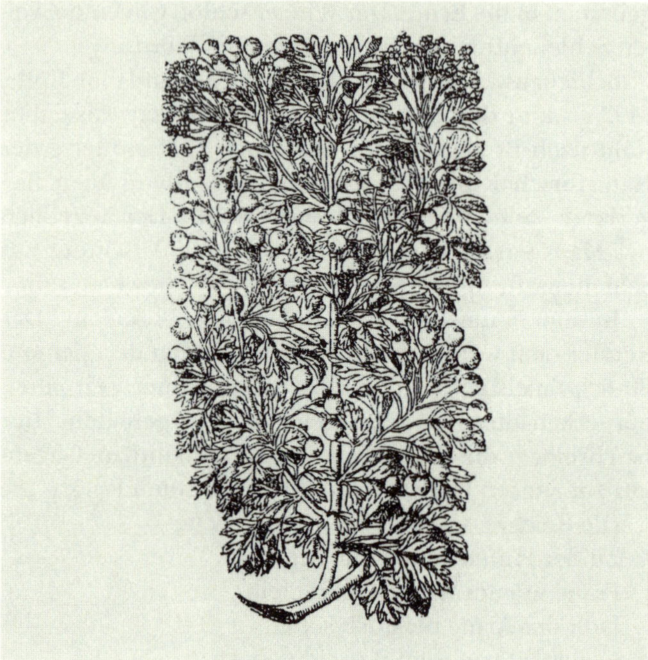

Der Weißdorn, Hagdorn, Heckendorn oder Zaundorn erscheint bei uns vor allem in zwei Spielarten, dem eingriffligen (Crataegus monogyna) und dem zweigriffligen Weißdorn (Crataegus oxyacantha oder laevigata); er kann ein halbes Jahrtausend alt und in seltenen Fällen bis zu zehn Meter hoch werden. Spät hat man seine einzigartige Bedeutung als anhaltend mildes, von Nebenwirkungen absolut freies Heilmittel bei der Herztherapie erkannt.

Der Weißdorn ist der eigentliche Hagedorn, der blutig ritzende, abwehrende Heckenstrauch, der lebende Zaun, mit dem Haus und Hof, Acker und Garten, Ringwall, Grenzwall und Burg als Gebück eingefriedet, umhegt wurden. Vor ihm scheute die hagazissa, die Hexe auf der Grenze zwischen Wildnis und Menschenwelt, Zauber und Zivilisation. Vor bald 150 Jahren schrieb Roßmäßler: »... so liegt doch der Hauptwert des Busches in seiner Eigenschaft als beste deutsche Heckenpflanze.« Gefragt war übrigens auch der Spazierstock aus Weißdornholz, der jede Handwerksburschenrauferei überstand.

Auffällig ist der Heringslakengeruch der Weißdornblüte. Die herbstroten tonnenförmigen Beeren heißen auch Mehlkübeli, Butterfäßle oder Schmalzhäfele.

In der älteren Heilkunde spielte der Weißdorn eine bescheidene Rolle als Mittel gegen Darmkoliken. Erst im 19. Jahrhundert begann man seine einzigartige Bedeutung für die Herztherapie zu erkennen. Die aus dem Roten Fingerhut gewonnenen Digitalis-Präparate gelten dem versagenden Herzen, gehören in die Hand des Arztes und erfordern spezielle Kenntnisse über Anwendung, Wirkung und Nebenwirkungen. Für die kleine Herztherapie dagegen ist der Weißdorn ideal, wobei weder bei

Überdosierung noch bei langdauernder Anwendung unerwünschte Nebenwirkungen zu befürchten sind.

Blüten, Blätter und Beeren werden gleichermaßen gebraucht, letztere mehr in der pharmazeutischen Industrie. Der Tee aus Laub und Blüten ist ein Heilmittel für Degenerationserscheinungen des Herzens, fürs Altersherz, bei hohem Blutdruck, Arteriosklerose sowie bei Erkrankungen der Herzkranzgefäße.

Der keltische Zauberer Merlin schläft verzaubert unter einem Weißdornbusch, nachdem er der schönen Viviane all sein Wissen, all seine Weisheit verraten hat. In einer ums Jahr 400 verfaßten Arzneischrift heißt es: »... der weiße Dorn, mit dem Christus gekrönt worden ist«. Die Dornenkrone der Passion soll also aus Weißdorn geflochten worden sein. Wer sich am Karfreitag zu einem Weißdornstrauch neigt, soll deshalb ein seltsames Seufzen und Klagen vernehmen. Eine andere Pflanzenlegende erzählt, der Weißdorn sei aus dem Wanderstab des heiligen Joseph entstanden. Kranke sollen durch einen Torbogen ineinandergewundener Weißdornzweige kriechen oder gehen, um ihr Leiden loszuwerden. Aus dem Holz des Hagedorns, der wie fast alle Dornengewächse auch Dämonen abschrecken soll, schnitzte man Amulette.

Nach dem Überfall der Ungläubigen auf das Heer des karolingischen Paladins Roland in der Schlucht von Roncevalles waren die Leichen der ausgeplünderten Franken von denen ihrer gefallenen Feinde nicht zu trennen. Karl der Große bat in nächtlichem Gebet um ein Zeichen. Am andern Morgen blühte neben jedem gefallenen Christen eine weiße Blume, durch den Körper der Ungläubigen aber war ein Hagedorn gewachsen:

»Durch jeglichen Heiden,
der da zu Tode lag erschlagen,
war gewachsen ein Hagen ...«

Stärker noch als der Schlehdorn steht der Weißdorn auf der Grenze zwischen Strauch und Baum. Die zwei prominentesten Weißdorn-Veteranen Deutschlands grünten im Jagdschlößchen Einsiedel im Schönbuch bei Tübingen und als Dagobertshecke im einst reichsfreien Siebeldinger Tal in der Pfalz.

Der Einsiedel-Baum soll angeblich im Jahr 1482 von Graf Eberhard im Bart nach einer Pilgerreise gepflanzt worden sein. Tatsächlich aber war Eberhard, als Württembergs geliebter Herr balladenverklärt, schon 1468 auf einer Pilgerfahrt in Rom gewesen und hatte »ein Hagendorn uff dem Hut von Rom herausgebracht und denselbig in den Schönbuch oder Stuthaus bei dem Hirschplan gepflanzt, dazu einen starken Turm gebaut und ein Kloster dahingestiftet, dessen Münch ganz blaue Kutten getragen ...« Dieser Weißdorn, nach andern Berichten als Reis aus dem Heiligen Land gepflanzt, wuchs und wuchs und hatte um 1600 einen Umfang von 52 Ellen, also 3,20 Meter, ruhte auf 42 Säulen und »seinen Stamm konnte niemand umklaftern«. Der Baum starb ums Jahr 1700 ab, ein jüngerer Ableger ging 1936 durch Schneebruch verloren. Aber bis heute wurden immer wieder Schößlinge des mittelalterlichen Hagedorns nachgezogen.

Bis in die 1820er Jahre grünte als lebendiges Rechtsdenkmal, zwei Meter dick, drei Meter hoch, die Dagobertshecke oder Königshecke auf der Banngrenze von Frankweiler, Siebeldingen und Godramstein in der Pfalz. In seinem Schatten soll der sagenhaft gute König Dagobert I., seit 630 Herrscher über das gesamte Merowingerreich, geruht haben. Weil die Bauern der Gegend den König vor dem rebellierenden fränkischen Adel gerettet hatten, soll er ihnen neben der Dagobertshecke einen Großteil des Waldes zwischen dem Donnersberg und Straßburg geschenkt haben.

Der Pflanzenhistoriker Julius Wilde vermerkt dazu: »Der alte Dornbusch war deshalb von jeher Symbol der Einheit und Unteilbarkeit der Haingeraiden und an seine Dauer knüpfte sich auch das Recht und die Freiheit der Geraidebauern zur gemeinschaftlichen Ausübung der Jagd, zum Fisch- und Vogelfang ... Unter oder bei ihm wurden als geschichtliche Tatsache 1525 der Bundschuh beschworen und der Bauernkrieg begonnen und nach 1806 wichtige Beschlüsse der Bauern gegen die französische Verwaltung, die die Teilung der Haingeraiden vorsah, gefaßt ... bis ihn im Sommer des Jahres 1823 ein Blitzschlag fällte ... noch im gleichen, besonders aber im folgenden Jahr regten sich die Teilungsgelüste, die zu vielen Prozessen führten, bis endlich durch ein Urteil des Appellationsgerichtes die Auflösung der Gemeinschaft ausgesprochen wurde.«

Nachdem ein 1827 gesetzter Nachfolger eingegangen war, wurde 1852 ein neuer Strauch gepflanzt; die Gemeinde Frankweiler errichtete daneben einen Gedenkstein. Und der Heimatschriftsteller August Becker beschloß seine Ballade:

»Viel Fürsten sind gestorben am Rheine seit der Zeit,
Man hat ihr Grab mit Wasser, –
mit Tränen nicht geweiht.
Ein einz'ger bleibt auf ewig den Pfälzer Bauern wert,
Das ist der gute König, der alte Dagobert.«

Heckenrose

Die Heckenrose, Hundsrose, Hagrose, auch Frauendorn (Rosa canina), ist nur die häufigste und noch dazu variabelste der drei Dutzend heimischen Wildrosen. Erwähnt seien nur die Kriechende Rose (Rosa arvensis), die Bibernellblättrige oder Felsenrose, an der Nordsee auch Dünenrose genannt (Rosa pimpinellifolia), die kniehoch wachsende Essigrose (Rosa gallica), die Weinrose (Rosa rubiginosa).

Jung und morgenschön rötet die Heckenrose am Waldrand, in der Schlehenmacchia, an Feldrainen und Bahndämmen. Ihr botanischer Name Hundsrose ist nicht abwertend gemeint. Er verweist auf den früheren Glauben, ein Absud aus den Wurzeln der Heckenrose helfe gegen den Biß tollwütiger Hunde. Am Nordhang des Verrenberger Golbergs bei Öhringen hat der Schwäbische Albverein einen fünfhundert Meter langen Lehrpfad mit 32 Feldgehölzen sowie 28 heimischen Wildrosenarten angelegt.

Als das Christentum die Götter des Olymp aus den Tempeln vertrieb, wurde die Rose der Aphrodite und Venus als Symbol und Dolmetscherin sinnlicher Liebe verteufelt, und unter den zu Unholden herabgewürdigten Göttern des germanischen Mythos verbannte man die schöne Freya oder Frigga mit ihrem Katzengespann als häßliche hagazissa, als Hexe, hinter den Hag. Friggdorn heißt die Heckenrose am Niederrhein.

Erst als der Marienkult aufblühte, holte man die in den Venusberg verbannte Rose in die christliche Mystik, wurde die Gottesmutter als rosa mystica verehrt. Auf Stefan Lochners »Madonna im Rosenhag« thront Maria in veilchenblauem Gewand, umblüht von roten und weißen Rosen sowie weißen Madonnenlilien.

Die roten Rosen galten als Sinnbilder der sieben Schmerzen, die weißen als Sinnbilder der sieben Freuden Mariens. Die Rose, einst dem Blut des Aphrodite-Liebhabers Adonis entwachsen, hatte nun ihren Ursprung in einem Blutstropfen Christi. Die weißen Rosen sollen durch die Tränen der reuigen Sünderin Maria Magdalena entfärbt worden sein. Die heilige Landgräfin Elisabeth von Thüringen brachte den Armen und Aussätzigen Brot in einem Korb. Als ihr strenger Mann den Korb öffnete, hatten sich die Brote in Rosen verwandelt. Martin Luther führte eine Rose im Siegel mit der Umschrift: »Ein Christenherz auf Rosen geht, wenn's mitten unterm Kreuze steht.«

Trotzem blieb das Röslein rot die Lieblingsblume der Liebenden. Die Vagantendichter spendeten, fromm und frech, der Venus in den Rosen ihr Lob ebenso wie der Madonna im Rosenhag. Die fünfblättrige Rose mit ihren Stacheln und die Liebe samt ihrer Pein waren eins.

Deutschlands berühmtester Rosenstock, der Tausendjährige am Dom zu Hildesheim, freilich erst im 17. Jahrhundert erstmals erwähnt, ist eine einfache wilde Heckenrose. Als im März 1945 der Dom fast völlig zerstört wurde, hatten Schutt und brennende Balken den Stock verschüttet. Aber schon im Sommer des folgenden Jahres blühte er an der Chorapsis der Kirche wieder auf.

In den Wappen vieler Geschlechter und Gemeinden blüht eine fünfblättrige Rose. Eine rote Rose war die Wappenblume des Hauses Lancaster, eine weiße die des Hauses York. Dreißig Jahre tobte der »Rosenkrieg« beider Geschlechter um die Krone Englands. Am Sonntag Laetare weiht der Papst eine goldene Rose und überreicht sie dem, der sich um die Kirche außerordentlich verdient gemacht hat. Das Rathaus im oberfränkischen Marktschorgast weist ein Heckenrosenwappen mit der Inschrift: »Im 1323sten Jahr M.schorgast mit der Rosen begnadet war. Da man aber 1712 schrieb, bei diesem neuen Bau man mich her hieb, als woll Gott Rosen, Markt und einen Rat, bei gutem Flor erhalten frühe und spat.«

Die Rose symbolisiert Weiblichkeit und Liebe, Verschwiegenheit und Vergänglichkeit, Reinheit wie Defloration. Die Rosenknospe verkörpert das Mädchen, die erblühte Rose die Frau, die verwelkte die Greisin. Mancher Mann wäre froh, er bekäme nach den Rosentagen der Liebe wenigstens eine nahrhaft dralle Hagebutte. Rosengässlein hieß in den mittelalterlichen Städten das Quartier der Gunstgewerblerinnen, deren Kunden wiederum die Rosengäßler genannt wurden.

Unter den Trümmern der Ruine Hauenstein bei Meran soll der Eingang zum sagenhaften Rosengarten des Zwergenkönigs Laurin liegen. Rote Rosen bedeuten Wunden. Mittelalterliche Schlachtfelder wurden so als Rosengärten poetisch verharmlost. Das altdeutsche Hagedorngericht war als Gerichtsstätte unter freiem Himmel mit Heckenrosen umfriedet. Mit der Fünfzahl ihrer Blütenblätter paßte die Rose ins Pentagramm. So spielte sie in der mittelalterlichen Bauhüttensymbolik eine Rolle wie heute noch die Johannisrose bei den Freimaurern.

Seit Kindertagen leben wir mit »Dornröschen« und mit den Schwestern »Schneeweißchen und Rosenrot«. Gottesackerrosen nannte man die hektisch roten Backen der Schwindsüchtigen. »D' Rosewoche« umschrieb man die Menstruationszeit. Einen Rosengarten verspricht der entflammte Liebhaber seiner Schönen.

Blätter, Blüten, Wurzelrinde und die Scheinfrüchte der Hagebutten oder Hiffen galten als Heilmittel. Nach dem 1557 erschienenen Kräuterbuch des Adam Lonicerus verhalfen »wilde und zahme Rosen« zur »köstlichen Kühlung in hitzigen Fieber«, sie stärkten das Herz, heilten Entzündungen, Magenleiden, Kopfschmerzen und Zahnweh. Vor allem die selten gewordene Rosa gallica, die Essigrose, galt als heilkräftige Apothekerrose.

Der frühsommerlichen Poesie der Heckenrose folgt im Herbst die nahrhafte Prosa der Hagebutte. Sie stellt das kinderliedvertraute »Männlein im Walde« dar, rotberockt und schwarzbemützt. Aus den gedörrten Hagebutten wie aus den blondhaarigen Kernen läßt sich ein apart schmeckender kerngesunder Tee bereiten. Selbstgemachtes Hiffenmark braucht die hochrot gereiften, aber noch hartschaligen Butten und fordert die Mühsal des Entkernens mit dem Kartoffelschäler, ein Juckpulverunternehmen. Hagebuttensoße schmeckt Wildgerichte mit einem Herbstarom ab. Je nach Standort und Rasse enthalten hundert Gramm frischer entkernter Hagebutten zwischen 500 und 1400 Milligramm Vitamin C. Die gleiche Quantität Zitronen bringt es gerade auf 60 Milligramm. Ein weiterer Vorteil des Hiffen-Vitamins ist seine Stabilität; sogar im eingekochten Mark hält es sich noch.

Immer wieder fallen in den Heckenrosenbüschen moosigkrause Auswüchse an den Zweigen auf. Diese Wucherungen sind nach dem Einstich der Rosengallwespe entstanden, die in den zotteligen Wucherungen gleichzeitig ihre Eier abgelegt hat. Muttergotteskissele wird das Gebilde benannt, Heilandsbart, Schlafapfel auch. Unters Kopfkissen gelegt, sollen sie einen tiefen Schlaf herbeizaubern.

Vor ein paar Jahren setzte eine kleine Renaissance der alten Duftrosen ein, begannen die Züchter großer Rosenkulturen Bauerngärten und alte Friedhöfe nach rustikalen, namentlich oft gar nicht mehr bekannten Rosen zu durchstöbern. Denn allmählich setzte wieder eine Nachfrage nach den mehltauresistenten alten Sorten ein, die zudem ungleich voller, samtiger duften als die meisten Neuzüchtungen seit der Chinarosen-Welle.

Für die gelegentlich schon mal weltanschaulich erhitzte Scheidung zwischen alten und neuen Sorten gibt es unter den Rosenliebhabern eine Faustregel: Alle die 250 Rosenarten, die in den Gärten des Schlößchens Malmaison blühten, und die Kaiserin Josephine von dem Blumenmaler Pierre Joseph Redoute in einem botanischen Prachtwerk porträtieren ließ, gelten als alte Rosen. Selbst Napoleons Erzfeind respektierte die Rosenleidenschaft der vom Kaiser verlassenen Josephine Bonaparte. Nach der Seeschlacht von Trafalgar ließ die britische Admiralität die für Malmaison bestimmten, auf den erbeuteten französischen Schiffen gefundenen Pflanzen der Ex-Kaiserin zukommen.

Die bildnerischen und literarischen Rosenhuldigungen sind Legion. Begnügen wir uns mit einem innig schlichten Vierzeiler des Mörikefreundes Karl Mayer auf den Heckenrosensommer:

Nun die Hecken Rosen tragen,
Duft und Rot entblüht den Hagen,
Macht die Welt zum Garten sich
Und zum Herrn des Gartens mich.

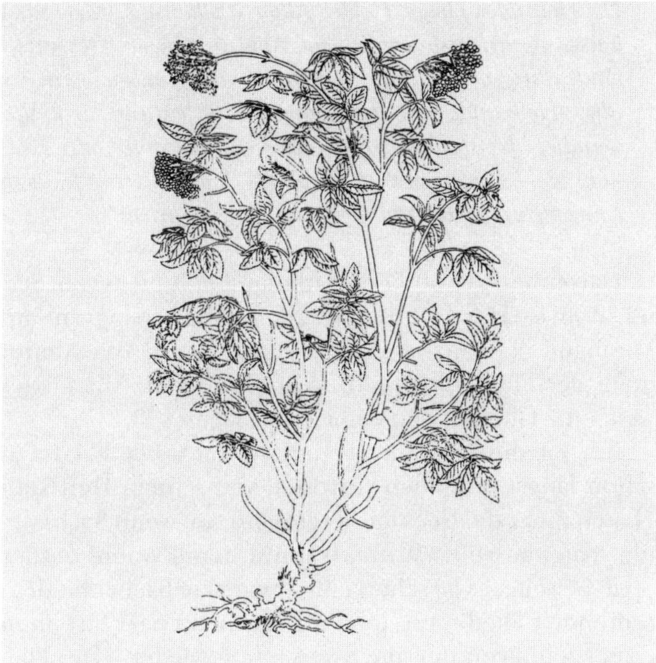

Der Holunder, Holler, Holder, Alhorn, Ellhorn, Flieder (Sambucus nigra), ursprünglich ein Waldstrauch, nur scheinbar ein Kulturgewächs, hatte und hat im Volksglauben wie in der alten Heilkunde eine hervorragende Bedeutung. Sein Verwandter, der staudenartige Attich, Erdholunder oder Feldholunder (Sambucus ebulus) galt als Roßarznei und fehlte in keinem Burggarten und größeren Bauerngarten.

Gartenbesitzer und Freizeitbotaniker lupft es vom Sessel, wenn sie Hans Sachs in Wagners »Meistersingern« am Vorabend der Johannisnacht singen hören: »Wie duftet doch der Flieder, so mild, so stark, so voll! Mir löst es weich die Glieder, will, daß ich was sagen soll.«

Am Johannistag, am 24. Juni, ist der weiße Flieder ja schon längst bräunlich verrostet, von seinem Duft kein Hauch mehr da. Ist es da zu verwundern, wenn Sachs wenig später ausruft: »Wahn, Wahn! Überall Wahn!«? Aber Spaß beiseite, es ist schon eine vertrackte Sache mit dem duftenden Flieder um Johanni. Denn ein paar Strophen später schwärmt der alte Sachs schon wieder: »Der Flieder war's: Johannisnacht.«

Hans Sachs und Richard Wagner in Ehren, aber das geht zu weit. Wir greifen zum Lexikon, blättern: »Flaute ... Flensburg ... Flibustier ... Flieder«, aha: »Flieder, Syringe, Sträucher mit duftenden violetten, roten und weißen Blütentrauben; der türkische, persische und chinesische Flieder in zahlreichen Spielarten als Zierstrauch. Im Mittelalter wurde als Flieder der Holunder bezeichnet.« Ja, um Johanni blüht der Holunder, so mild, so stark, so voll. Da bleibt uns nur die Reverenz vor Hans Sachs, am besten mit seinen eigenen Worten: »Verachtet mir die Meister nicht ...«

»In Teutscher Nation ist freilich der Holder jedermann bekannt, darum nit vonnöten vieler Worte, wie, wo oder wann derselbig wachse, sintemal ein jeder zuvor den Holder kennet«, meinte einleitend Hieronymus Bock. Uns allen hat der Holunder mit seinen sommerhellen Blütentellern in die Kindheit geschienen. Aus den kräftigeren Schossen pulten wir das weiße Mark und bastelten unsere ersten Wasserspritzen, Flöten, Pfeifen. Überall wo Menschen wohnen, ist auch der Holunder zuhaus. Er wächst an Mauern und Häusern, in Scheunenwinkeln und Gärten, auf Ruinen, Friedhöfen, selbst noch auf Müllhalden. Mütterlich deckt dieser Strauch Abfall und Verfall, das spielende Kind und die Toten.

Dabei ist der Holunder gar kein Kulturgewächs, nur ein Kulturbegleiter, ein Menschenfreund. Seinen natürlichen Standort hat er im Auenwald und in Ufergehölzen. Auf nahrhaft frischen Böden wächst er oft baumstark heran. Ende Juni, um die Sonnwendzeit, blühen die süßschwer duftenden Trugdolden in der Farbe vergilbenden Elfenbeins. Die erst rötlichen, dann violetten, tintenschwarzen Beeren werden von den Vögeln verbreitet.

Mit der Frau Holle des Märchens, der Dämonin der heiligen zwölf Nächte, in der vielleicht eine verteufelte heidnische Nachtgottheit spukt, hat der Holler nichts gemein. Die althochdeutsche Namensform holuntar heißt nichts anderes als hohler Baum und spielt auf das weiße Mark der Zweige an, das sich leicht herausstoßen läßt.

Der Volkskundler Max Höfler hat um die Jahrhundertwende den Holunder »die lebendige Apotheke des deutschen Einödbauern« genannt. Blüte und Frucht, Blatt, Rinde und Wurzel wurden und werden als Heilmittel gebraucht. So empfiehlt ein Kräuterbuch aus dem Jahr 1564:

»Des Holders Wurzel in Wein gesotten, treibt die Wassersucht mit Gewalt von dannen.« Der mittelalterliche Gelehrte Albertus Magnus berichtet, daß die innere Rinde des Holunders, von unten nach oben geschabt, als Brechmittel, von oben nach unten geschabt, abführend wirke. Ein halbes Jahrtausend später erfuhr der Volkskundler Heinrich Marzell von Bauern am fränkischen Hesselberg, daß die aufwärts geschabte, in Milch gekochte Hollerrinde zum Erbrechen, »es geht überschie«, die nach unten geschabte jedoch zu Durchfall führe, »es geht unterschie«.

Bekannter als die von Sebastian Kneipp empfohlene Frühjahrskur mit Holunderblättertee ist ein Aufguß aus den Holunderblüten, die ätherische Öle und Gerbsäure enthalten. Dieser Fliedertee treibt Schweiß und Harn, wirkt wohltuend, wenn einen eine Grippe gepackt hat.

Um Johanni tischt die Hausfrau Hollerküchle auf. Dabei werden die noch nicht voll aufgeblühten Dolden schonend vom Strauch geschnitten und, um das Aroma zu erhalten, möglichst ungewaschen in einen dickflüssigen Teig aus Mehl, Milch, Eiern, Zucker, Salz und abgeriebener Zitronenschale getaucht und in der Pfanne in schwimmendem Fett gebacken, bis sie goldknusprig glänzen.

In jedem grün angehauchten Kochbuch finden sich inzwischen auch wieder Rezepte für Holundersekt und eine Kaltschale aus Holunderblüten, für Holundergrütze und Holundermarmelade, und so fort. Gartenbesitzer, die vor Gift und Fallenstellerei gegen Wühlmäuse zurückschrecken, sollen Holunderlaub in einer wassergefüllten Tonne zu grüner Jauche vergären lassen, die samt dem dicken Pflanzensatz dann in die Wühlmauslöcher gegossen wird. Die lästigen Nager wandern prompt aus.

Heute wird der Holunder hektarweise bei uns angepflanzt, weil man aus seinen Beeren umweltfreundliche Farbstoffe für Nahrungsmittel, Textilien und Kosmetika gewinnen kann. Die Farbpartikel des Holunders bleichen nicht aus, was jede Hausfrau seufzend bestätigen kann, und sind resistent gegen ultraviolette Strahlung.

Auch ohne Frau Holle gilt der Hausbaum Holunder als Sitz eines guten Hausgeistes, mit dem sich protokollarisch höflicher Umgang empfiehlt. »Vorm Holler muß m'r en Hut rotu«, sagt der Bauer in der Rhön. Einem Holunder darf man keinen Zweig abreißen, nur abschneiden. Wer einen Strauch verstümmelt oder gar umhaut, hat einen jähen Tod zu erwarten. Nur Witwen und Waisen dürfen ungestraft sein wertloses Holz verbrennen.

Der Lebensbaum Holunder ist als Sitz der Unterirdischen aber auch Totenbaum. Mit einem Holunderstab nahm der Schreiner Maß für den Sarg. Mit einem Peitschenstecken aus Holunderholz fuhr der Leichenkutscher zum Friedhof. Und den Toten gab man Zweige von Hasel und Holunder kreuzweise gebunden mit ins Grab. Unvergeßlich bleiben jedem Besucher die uraltgraustrünkigen Holunderstämme auf dem Judenfriedhof in Prag.

Nach einer andern Lesart der Legende soll sich der Verräter am Herrn, Judas, nicht an einer Weide, sondern an einem Holunder erhängt haben. Darauf spielt ein Sympathie-Spruch aus dem Hessischen an:

»O Fliederbaum, du lieber,
Mich quält das kalte Fieber;
Weil Judas sich an dir erhängt,
Sei das Fieber dir geschenkt.«

Zu allerlei magischen Praktiken mußte der Holler dienen. Das geht beispielsweise aus einem Gerichtsprotokoll gegen den Reutlinger Scharfrichter Johann Deigentäsch aus dem Jahr 1716 hervor. Wegen ihres verrufen unheimlichen Gewerbes galten die Scharfrichter früher auch als medizinkundig und zaubermächtig. In Württemberg preßte damals die Mätresse des Herzogs Eberhard Ludwig, die berüchtigte Christiane Wilhelmine von Grävenitz, samt ihrem Anhang das Land schamlos aus.

Gegner der Grävenitz spielten nun dem Scharfrichter der Reichsstadt Reutlingen ein paar Kleidungsstücke der Buhlerin zu, darunter auch »ein Hemd, worinnen ihre menses«, also ihr Menstruationsblut, war. Damit sollte Deigentäsch die Grävenitz durch schwarze Magie aus dem Weg räumen. Vor Gericht bekannte der Angeklagte, er habe deshalb die Sachen teils unter einem Holunder, teils auf dem Kirchhof vergraben.

In E. T. A. Hoffmanns Märchen »Der goldne Topf« begegnet das Glückskind Anselmus unterm Holler erstmals der schönen Serpentina. Anselmus raucht dort seine Pfeife, als drei goldengrüne Schlangen hervorschlüpfen, deren Tanz er als einen Dreiklang kristallener Glocken erlebt. Der Blick eines Schlängleins entzündet in ihm glühendes Verlangen. Es ist Serpentina, die jüngste Tochter des Archivarius Lindthorst, hinter dem sich in der Wirklichkeit des Märchens, ein verwandelter Salamander, ein Feuergeist verbirgt.

Eine andere magische Begegnung unterm Holderstrauch hat Graf Wetter vom Strahl, Heinrich von Kleists Dramenheld wider Willen. Das Käthchen von Heilbronn gesteht ihm hier im Traum das schicksälige Nachtgesicht seiner Rettung durch die Liebe, dort – »am zerfallnen Mauerring, wo in süßduftenden Holunderbüschen, ein Zeisig zwitschernd sich das Nest gebaut.«

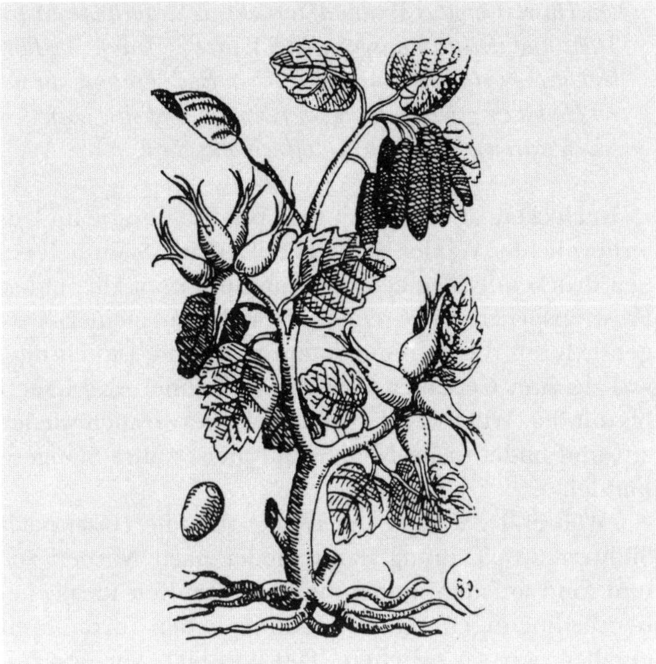

Die Hasel (Coryllus avellana) erreicht als Strauch vier Meter Höhe und weist ein ausgebreitetes Wurzelwerk auf. Die Blütenkätzchen stäuben manchmal schon Ende Februar, da sie, im Herbst vorgebildet, fertig überwintern und sich nach den ersten warmen Tagen nur zu öffnen brauchen.

In Hecken, am Bachufer und Waldrand sowie im Unterholz lichter Wälder ist die Hasel zuhaus. Standhaft gegen drückende Schneelasten, immun gegen klirrenden Frost, anspruchslos gegenüber dem Boden, meidet sie eigentlich nur die Extreme Sumpf und Sand. Das einzige, was sie zum Gedeihen braucht, ist Sonne. Abgehauen bis auf den Wurzelstock, treibt sie unverwüstlich wieder aus und bildet so im Niederwald meist wahre Stangenbündel.

Während der Eiszeiten rettete sich die Hasel nach Südwesteuropa, drang dann wieder nach Norden vor und fand auf den waldentblößten Tundren ideale Lebensbedingungen. Wie Pollenfunde in den Torfmooren ergaben, war sie zwischen 7800 und 6000 vor der Zeitenwende das häufigste Gehölz. Die mittlere Steinzeit wird geradezu als Haselzeit bezeichnet. Als Pioniergehölz bereitete sie mit ihren Laubmassen den Humus, den Mutterboden, auf dem dann lichter Eichenmischwald hochkam. In seinem Roman »Das Schiff im Berg«, antiquarisch leider längst verschollen, hat Gerd Gaiser, einzigartig in der Literatur, das Schicksal eines Juraberges erzählt und mit der Haselzeit des Berges auch die Morgenfrühe menschlichen Lebens bei uns beschworen:

»Eine Zeit kam, in der die Hasel herrschte. Es war eine Weiberlandschaft, offen und labyrinthisch, licht und versteckt zugleich. Blöße und Busch lösten sich ab, Busch stundenlang, der von unzähligen Wechseln durchzogen war. Dort raschelten Hamster und Rebhuhn, das Wildpferd brach durch ... Die Hasel war eine freundliche Herrin, und der Mensch gab ihr noch lange eine freundliche Anrede. Er sprach sie Frau Haselin an, als sie schon längst aus ihrer Herrschaft verdrängt war und sich niemand mehr darauf besann. Er schrieb ihren Ruten Kraft zu und die Gabe der Fruchtbarkeit, auch suchte er Schutz vor dem Blitz in den Haseln.«

Für die Sammler und Jäger der Steinzeit waren die fettreichen Haselnüsse fast von gleicher Bedeutung wie später für ihre Nachfahren die Getreideernte. Archäologen fanden bei den steinzeitlichen Lagerplätzen massenhaft Schalen aufgeschlagener Haselnüsse.

Das Sammeln der Haselnüsse am Waldrand gerät jedoch meist zu einem aussichtslosen Wettlauf mit Eichhörnchen, Haselmaus und Vögeln. Deswegen wurde die Waldhasel früh schon kultiviert. Außerdem führten die Römer großfrüchtigere Sorten im Limesland ein. Unsere heutigen Kultursorten leiten sich von der heimischen Waldhasel und der pontischen Lambertshasel ab.

In den Knicks, den Wallhecken Schleswig-Holsteins, stellt die Hasel ein Fünftel der Bestände. Ihr Holz wird heute kaum mehr genutzt. Früher banden die Küfer ihre Reifstäbe aus elastischen Haselstämmchen, und der Drechsler gebrauchte das zähe Wurzelholz. Zur Pulverfabrikation werden die Holzkohlen der Hasel so wenig mehr gebraucht wie Haselspäne zur Essigbereitung. Die vom Haselstrauch geschnittenen Prügelstecken der Schulmeister haben ebenso ausgedient wie die Gäbelesstecken der Handwerksburschen, die ihren Wanderstab so sorgfältig aufbewahrten wie ihr Wanderbuch.

Im Gegensatz zum Holler oder der Linde hatte die Hasel in der Volksmedizin wenig Bedeutung. Hieronymus Bock hat uns dafür ein Schönheitsmittelchen aus der Dreckapotheke überliefert und damit den Probanden gewiß einen Bären aufgebunden: »Haselnuß zu Aschen gebrannt, daraus ein Salb gemacht mit Bärenschmalz und angestrichen, soll das ausgefallen Haar wieder wachsen lassen.«

Trotzdem, geheime Energien spielen im Holz der Hasel. Im Handwörterbuch des deutschen Aberglaubens folgen auf das Stichwort Hasel dichte 16 Spalten Text! Wie die Eiche oder der Speierling war auch die Hasel dem Donar, dem Donnerer und Wettergott der Germanen, geweiht. Anders als die Eiche soll die Hasel aber vor Blitzschlag schützen. Wer von einem Gewitter überrascht wird, soll sich einen Haselzweig an den Hut stecken.

In der letzten großen Schlacht der Götter gegen Riesen und Unholde hat Donar die gräßliche Mitgardschlange erschlagen. So herrscht zwischen Hasel und Reptil eine alte Antipathie. Den Kindern gab man Haselruten mit, damit sie vor Schlangen sicher seien.

In Gräbern aus heidnischer wie christlicher Zeit findet man immer wieder Haselzweige als Beigabe, mit und ohne den Holunder. Aschenputtel wünschte sich eine Haselrute für das Grab ihrer Mutter, die sich bald schon als Totenstrauch darüber wölbte. St. Gallus steckte den Baugrund seines künftigen Klosters mit Kreuzen aus Haselruten ab.

Aus dem Aischgrund ist ein Haselspruch wider den Maulwurf überkommen. An drei Freitagen im März schlägt man vor Sonnenaufgang mit der Haselrute dreimal an drei Ecken einer von Maulwürfen heimgesuchten

Wiese, läßt jedoch das vierte Eck frei und spricht während des Schlagens dreimal den Maulwurfsegen:

»Jetzt geh ich auf die Haid
und schau das grüne Feld
und komme auf ein Land,
da waren soviel Hügel;
jetzt ruf ich aber an:
Findekant, du schwarzer Mann,
was machst du hier auf meiner Wiesen?
Geh, pack dich auf ein andern Ort,
wo es besser ist als hier.
Im Namen Gottes des Vaters, des Sohnes ...«

Auch in der Marienlegende taucht die Hasel auf. Als Maria übers Gebirge ging, um ihre Base Elisabeth zu besuchen, barg sie sich vor einem Gewitter in einem Haselstrauch. Deshalb werden in Tirol und anderswo an Mariä Heimsuchung Haselzweige geschnitten und gegen Blitzschlag ins Fenster gesteckt. Aus Kaufering ist das sogenannte Haselnußläuten an Mariä Geburt, 8. September, überliefert. Nach der Andacht zog man dort an diesem Tag unter Glockengeläut zum Nüssesammeln aus.

Unter allen Hölzern ist die Hasel die klassische Wünschelrute geblieben, obwohl schon in merowingischer Zeit die Lex ripuaria jeglichen Haselzauber verbot. Die gegabelte Wünschelrute, die Quellen, Erzgänge und verborgene Schätze aufspüren soll, muß an Fastnacht, Dreikönig oder an Johanni geschnitten werden, und zwar sine ferro, ohne Eisen, mit einem scharfen Feuerstein. Im Lechrain sagte man beim Schneiden folgenden Spruch auf: »Ich schneide dich, liebe Ruten, daß du mir mußt sagen, um was ich dich tu fragen. Und dich so lang nit rühren, bis du die Wahrheit tust spüren ...«

Mit solch einer Wünschelrute erkundete man auch versteckte Marksteine, verirrtes Vieh, den verlorenen Weg; sie gab Auskunft, ob jemand in der Ferne gesund oder krank, lebend oder tot sei, ob die Frau einen Sohn oder eine Tochter zur Welt bringe, und so fort. Der Knüppel aus dem Sack, der den arglistigen Wirt im Märchen verdrosch, war ein von Sympathiezauber bewegter Haselstecken.

Wegen der büschelig dicht wachsenden Nüsse und ihrer Austriebskraft gilt die Hasel als Spenderin und Sinnbild der Fruchtbarkeit und, weil sich die Nüsse gelegentlich auch gepaart finden, als Zeichen ehelichen Glücks. Wenn die Kuh keine Milch geben wollte, schlug man sie mit einer Haselgerte. Die Ruten, die Jakob in den Brunnen legte, um seine Schafe fruchtbar zu machen, sollen Haselzweige gewesen sein. Eine üppige Nußtracht im Herbst verhieß fürs künftige Jahr reichen Kindersegen, erwünschten wie unerwünschten.

Kein Wunder, daß zu den spärlich tradierten Haselrezepten ein Aphrodisiacum, ein Muntermacher, gehört: »Wenn einer nit minnen mag«, sollte er seiner Manneskraft mit zu Pulver gebrannter und zerstoßener Haselasche ein bißchen Feuer machen. »In die Haseln gehn« war ein Synonym für den Besuch bei der Liebsten.

Im Märchen hallt auch die Erinnerung an die Hasel als Wunschbaum nach. Und vielleicht bittet die kleine Tochter den Vater eines Tages, wenn sie das Märchen vom Aschenputtel gelesen hat, er solle sie bald eine Hasel pflanzen lassen. Denn die wirft dem Aschenputtel die schönsten Ballkleider herab, und der Prinz läßt nicht lang auf sich warten.

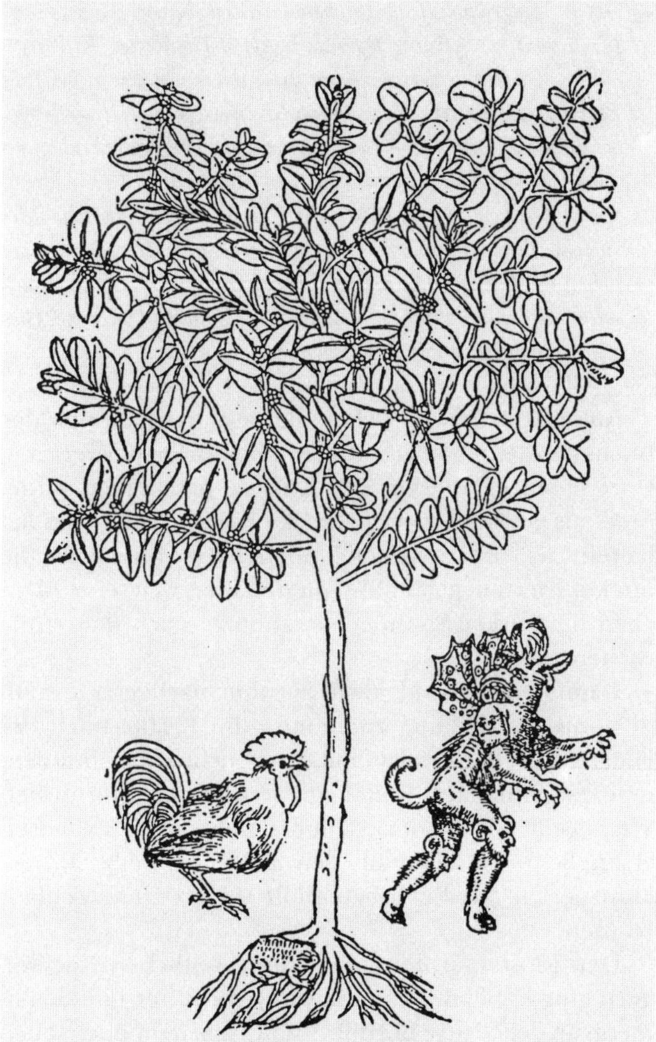

Der immergrüne giftige Buchs oder Buchsbaum (Buxus sempervirens) erscheint gelegentlich als verwildertes Kulturgewächs. Ob die beiden einzigen größeren Vorkommen bei Bad Bertrich an der Mosel sowie am Südwesteck des Dinkelberges bei Grenzach am Hochrhein nacheiszeitliche Relikte oder verwilderte Anpflanzungen sind, ist umstritten. Für die Ursprünglichkeit zumindest des Grenzacher Buchswaldes spricht, daß in diesem 80 Hektar großen Naturschutzgebiet neben der Flaumeiche der Frühlingsahorn sein einziges deutsches Vorkommen hat und Aspisviper, Smaragdeidechse, Gottesanbeterin und Blutrote Singzikade leben.

Außerhalb der höfischen Barockgärten ist uns der Buchs meist nur von Friedhöfen und Gärten her vertraut. Dort säumt er, die barocke Etikette bescheiden variierend, als gestutzte Zwergenhecke Wege, Gräber und Rabatten. Der Antike wie den Mönchen des Mittelalters, die ihn kultivierten, galt er als Totenpflanze, weil seine Blättchen bei starker Sonneneinstrahlung »nach dem Tode rochen.«

Damit hängt wohl auch die ihm nachgesagte antidämonische Wirkung zusammen. Im Kräuterbuch des Hieronymus Bock weicht auf dem Buchs-Holzschnitt ein drachengeflügelter Teufel vor dem Strauch, an dessen Wurzel eine Kröte hockt; daneben steht ein Hahn, dessen erster Schrei ja ebenfalls den Teufel vertreibt. Rosenkranzperlen aus Buchsbaumholz sollten Unkeuschheit bannen.

Den Klostergärtnern und ihren weltlichen Nachfolgern ging es bei der Umpflanzung nicht nur um die immergrün dekorative Bordüre. Man sagte dem Buchs auch wachstumsfördernde Wirkung nach, wie etwa Albertus

Magnus. Dazu paßt, daß man die am Palmsonntag geweihten, mit einem Buchsbaumsträußchen verzierten Palmstecken rund um Garten, Acker und Weinberg in die Erde stieß.

Die prachtvoll fabulierende Briefeschreiberin Liselotte von der Pfalz erinnerte sich 1708 in Versailles des »Christkindels« ihrer Jugendzeit. Für die Kinder sei an Weihnachten ein Gabentisch wie ein Altar aufgebaut worden: »Auf diese Tische stellte man Buchsbäume und befestigte an jedem Zweig ein Kerzchen. Das sieht allerliebst aus …«

Am Burggarten von Spangenberg in Hessen stand ein berühmter Buchsbaum. Landgraf Otto der Schütz soll ihn von einem Reis gepflanzt haben, das ihm seine spätere Frau Elisabeth von Kleve an den Jägerhut gesteckt hatte. Eine steinerne Inschrift berichtet: »Hat gestanden und gegrünt dieses Orts 325 Jahre, ist hoch gewachsen 12 Schuh, dick anderthalb Schuh. Ist anno 1678 verdorrt abgehauen und nach Cassel gebracht.«

Die hohe Zeit des Buchsbaums, das Barock, war zugleich Zeuge seiner oft grotesk anmutenden Deformierung. Große und kleine Potentaten nutzten die Modellierfähigkeit des zähen Strauches, um ihm mit Schere und Schnittmusterbogen die abgeschmacktesten Figuren abzulisten. Der Buchs erhielt seine Rolle im Theater höfischer Repräsentation.

In seinem Deutschland-Buch erzählt Carl Julius Weber von den Buchsbaumfiguren des Grafen Carl Ludwig von Hohenlohe im Weikersheimer Hofgarten an der Tauber: »… wo der kleine Graf so gut als Louis XIV. seine Reiterstatue hat, und Labyrinthe von Buchsbaum, allerlei Taxus-Figuren, Hasen, Hunde, Gänse und Gens d'armes, die in die Zeit der Allonge-Perücken und Reifröcke gehören, schmähliche Sandsteinfiguren und ein ungeheurer Namenszug C. L., gleichfalls von Buchs, von Gaffern bewundert wurden ...« Hinzu kam nach der Erhebung derer von Hohenlohe in den Fürstenstand noch ein riesiger, aus Buchs geschnippelter Fürstenhut. Aus dem Hofgarten von Kirchberg an der Jagst ist überliefert, daß die Buchsbaum-Embleme bei festlichen Anlässen vergoldet wurden.

Hieronymus Bock urteilte, reformatorisch aufgeklärt, herablassend über die am Palmsonntag geweihten Buchssträußchen: »Der grün Buxbaum mit seinen satten Myrtenblättern gehört auch unter die Palmen der einfältigen Menschen, denn in der Arznei hat er kein Lob.« Dagegen lobte er das schwere, harte, schöngemaserte Buchsbaumholz, das zu Flöten, Kämmen, Löffeln und Arzneibüchsen gebraucht werde.

Das zögerlich wachsende gelbliche Holz, noch sehr viel härter als das der Eiche, sinkt im Wasser gelegentlich unter, ist elastisch, gut bearbeitbar und weist poliert einen metallenen Glanz auf. Die Kirche gebrauchte es nicht nur für Rosenkränze, sondern auch für Kruzifixe und Rahmen um die Heiligenbilder. Der Graphiker konnte in Buchsbaumholz die feinsten Einzelheiten schneiden.

Das schönste Schnitzwerk aus Buchsbaumholz, im Freiburger Augustiner-Museum zuhaus, wird dem oberrheinischen Meister HL zugeschrieben: Adam und Eva beim Sündenfall unterm Apfelbaum. Rinde und Blatt, Fell, Haut und Haar sowie der Fels können da stofflich-sinnlich nachgefühlt werden. Im Konstanzer Rosgarten-Museum schwingt das frühbarocke Buttenmännle sein

Rebmesser. Die aus Buchsbaum geschnitzte Kleinplastik trägt eine Butte, die man zum Trinken abnehmen kann. Dem Männle hängen am Gürtel 32 silberne Wappenschildchen, Visitenkarten dankbarer Buttenzecher aus zwei Jahrhunderten. Aus dem griechischen Namen pyxis und dem lateinischen buxus entstand unser Buchs und die Büchse.

Als Kaiser Rotbart, auf der Jagd verirrt, im Wald zufällig dem Herrn von Limpurg begegnet, der bisher den Hof auffällig gemieden hatte, entdeckte er an dessen Gürtel ein »Trinkgefäß von Buchs«. Der schlaue Staufer ließ sich von dem Limpurger den Becher mit Quellwasser reichen und verpflichtete ihn danach mit Handschlag sofort als »des Reiches Schenk«. So jedenfalls hat Ludwig Uhland im Herbst 1816 in seiner Ballade über die Herkunft des Schenkenamtes bei den Herren von Limpurg fabuliert und dazu im Tagebuch notiert: »Abends zu Hause wegen Geldnot die Ballade beendigt.«

Als Drechslerstück und Bechertrost, als Gartenlust und Gräbergrün hat der Buchs das Leben des Menschen begleitet. Daß dies auch einfachen Menschen bewußt war, verrät ein Brief der Bettina Brentano an ihre Freundin, die Günderode, vom August 1803 aus Schlangenbad im Taunus. Mit einem alten Mütterchen ging sie in deren Garten: »So ist das Gärtchen mit seinen reinlichen Kieswegen und buchsbaumnen Felderteilchen; der Buchsbaum ist so ein rechter Lebensfreund, von Jahr zu Jahr umfaßt und schützt er, was der Frühling bringt, es keimt und welkt in seiner Umzäunung, und er bleibt immer der grüne Treue, auch unterm Schnee, das sagt ich der alten Frau, die sagte, ja, das ist wohl wahr, der Buchsbaum muß alles Schicksal mitmachen.«

Der Efeu (Hedera helix), eine immergrüne, mit Haftwurzeln an Felsen, Mauern und in Wäldern kriechende und kletternde Liane, ist im Süden und Westen Deutschlands häufiger als im Norden und Osten. Er blüht im Herbst, die grünen Beeren überwintern und reifen dann tintigschwarz nach. Neben dieser einzigen heimischen Wildform sind viele andere Efeu-Arten kultiviert worden.

Ebah lautete der althochdeutsche Name des Gewächses, der sich im Mittelalter zu Ebheu, Epheu wandelte, wobei die zweite Silbe als Heu verstanden und gesprochen wurde. Als man später die Buchstaben ph zusammenzog und als griechisches phi mißdeutete, wurde aus dem Ep-Heu der Efeu, seit 1901 die amtlich falsche Schreibweise.

Unbekümmert um Frost, Schnee und Eis rankt der Efeu immergrün durch den Winter. Er setzt grüne Akzente ins entblätterte Grau und Erdbraun von Garten und Wald. Im September summen die blühenden Efeustöcke als Bienenorgel, und in der Frühlingssonne reifen die Beeren. Der Efeu, so scheint es, spielt mit den Naturgesetzen. Er ist der einzige Wurzelkletterer in Mitteleuropa, der einzige Repräsentant der Araliengewächse, und stammt aus den Tropenwäldern des Tertiär. Daran erinnern die Träufelspitzen seiner Blätter, die das Wasser rasch ableiten. Nicht nur diese Wasserspeier, auch Immergrün, Herbstblüte und Frühjahrsfruchtreife verraten seine Herkunft aus dem Urwald des Tertiär, jener 60 Millionen Jahre währenden Ära, die vor zwei Millionen Jahren mit der Eiszeit zu Ende ging.

Der Efeu ist der geborene Kletterer. Er kriecht über Mauern, umarmt Ruinen, ummantelt Hauswände und schafft, Bäume aufwärts strebend, spielend seine 30 Meter. Unausrottbar scheint das Vorurteil, der Efeu sauge mit seinen Wurzeln die Bäume aus und sprenge das Mauerwerk. Er treibt Saugwurzeln nur in der Erde und ist mit seinen feinen Haftwürzelchen kein Baumschmarotzer. Wo er allzu üppig wuchert, kann man ihn beschneiden.

Wie andere Kletterpflanzen schützt der Efeu Hausfassaden gegen Hitzewirkung, Schlagregen und chemische Zersetzung. Begrünte Fassaden halten dreimal so lang wie unbegrünte. Wilder Wein für die Südfront und Efeu an den drei anderen Seiten erzeugen zudem Sauerstoff, das Mangelprodukt unserer Städte. Efeu wächst rasch, gedeiht auch noch im Schatten und ist immun gegen Abgase. Anfangs zeigt das Efeublatt seine klassische Fünfeckform, weiter oben verknappt es sich zum Dreieck, um schließlich lappig, rundlich, rautenförmig, ja selbst lanzettlich zu variieren.

Im Mythos sind Efeu und Rebe zwillingshaft vereint. Der Efeu begleitet Dionysos von Geburt an. Kühlende Efeukränze sollten die antiken Zecher vor der Hitze des Rausches bewahren. Als Geheimtip gegen einen Kater empfahl Hieronymus Bock: »Efeublätter gestoßen mit Essig und ein wenig Rosenwasser dazu genommen, ist ein köstlich Arznei für das grausam Hauptweh.« Verletzte Wildschweine heilen sich angeblich mit Efeulaub.

Der entloffene Kartäusermönch und Kräutervater Otto Brunfels schrieb dem Efeu 1532 eine antikonzeptionelle, ja abtreibende Wirkung zu; er warnte die Ehefrauen davor und gönnte jungen ledigen Weibern und Prostituierten das Rezept nicht: »Alle frommen Frauen sollen sich hüten, von diesem Saft gekochte oder gebrannte Wasser zu sich zu nehmen. Den Schleppsäcken und den Schapeljungfrauen soll man solch Geheimnis nicht offenbaren.«

Ein Benediktinermönch unserer Tage, Bruder Ingobert, hat im Stift Neuburg bei Heidelberg eine der größten Efeu-Kulturen der Welt aufgebaut und mehr als zwanzig Sorten gezüchtet, in einer Palette verschiedener Grüntöne, gestreift, geädert, gepunktet und weiß marmoriert, als Bodendecker und Hausranker, Topfpflanze und Bonsaigewächs. Die Sorte »Wingertsberg« mit ihren großen, rotbraun gefleckten glänzenden Blättern hat er 1980 auf 50 Quadratmeter Fläche mitten unter gewöhnlichem Waldefeu im Gelände eines aufgelassenen Klosterweinbergs über dem Neckar entdeckt. Auch nach Bruder Ingoberts frühem Tod lebt das Kloster mit vom bundesweiten Verkauf seiner Efeupflanzen.

Mit seiner immergrünen Blättertracht ist der Efeu eine Pflanze der Hoffnung und der Treue, auf den Gräbern eine Verheißung der Auferstehung. Vielfältig durchwirkt er die antike wie christliche Ornamentik. Um Burgruinen schlingt er tausendarmig seinen Kranz mit flachen Stämmen bis zu einem Meter Durchmesser. Der junge Dichter August Graf von Platen nahm sich von der Habsburg über der Aare einen grünen Efeuzweig mit. Auf dem Grab des im Magdeburger Exil verstorbenen Lazare Carnot, der das Heerwesen der jungen französischen Republik aufgebaut und den Ehrentitel »Organisator des Sieges« erhalten hatte, wuchs Efeu. 1864 schickte der Magdeburger Friedhofsgärtner davon drei Blätter an Kaiser Napoleon III.

Ritter von Perger sah den Efeu nach seiner einstigen Bedeutung im griechischen Mythos »als eine gefallene Größe«. Nur in Frankfurt am Main, so fuhr er fort, werde er noch geachtet, »denn der Eschenheimer Turm, der unter Ludwig dem Baier 1864 gebaut wurde, ist ganz mit Epheu umwachsen und bildet dadurch eine altertümliche Zierde der Stadt. Man wollte den Turm schon mehrmals abtragen, allein nach der Sage darf kein Stein weggenommen werden, bis die herrlichen Epheuranken die Wetterfahne des Turmes erreichen.«

Alexander Graf von Württemberg, ein gern gesehener Gast im Weinsberger Kerner-Haus, selbst ein spätromantischer Lyriker, dem geliebten Lenau mehr in der Melancholie als im Sprachvermögen verwandt, hat 1837 einen bewegenden Vierzeiler auf den Ruinen-Efeu geschrieben:

»Die ewige Natur mit starken Armen
Breitet den Efeu aus auf alten Mauern,
Als hätte mit den Burgen sie Erbarmen,
Die vor der Macht der Zeit zusammenschauern.«

Als drei Jahrzehnte später die Würzburger Feste als waffenstarrende Zitadelle abgerüstet wurde, wünschte Felix Dahn, Rechtsgelehrter und Verfasser dickleibiger historischer Romane, dem Marienberg:

»Dreifach wachse ein Kranz, wünsch ich dir,
um dich her:
Wilde Rosen am Fuß des Bergs,
Die so reichlich wie sonst nirgend am Main erblühn;
Wonnig duftende Reben
Sein des mittleren Hangs köstlicher Gürtel dir;
Aber Zinne und Dach kröne mit tiefstem Grün
Sagen flüsternder Epheu.«

Der Wald Immergrün heißt der erste Band der Gräter'schen kleinen Kulturgeschichte von Baum und und Strauch. Im Eingangskapitel zeigt der Autor Carlheinz Gräter auf, welch wichtige Rolle Baum und Strauch im Leben der Menschen spielten und noch immer spielen. Aufschlußreich ist die Geschichte der Nutzung durch den Menschen; interessant und überraschend die Vielfalt der »Baumspuren« in Sprache, Literatur, Kunst und Volkskunde. In kurzweiligen und interessanten Texten werden rund 20 Bäume und Sträucher aus unserem heimischen Wald vorgestellt: Ahorn, Birke, Brombeere, Buche, Eibe, Eiche, Elsbeere, Erle, Esche, Faulbeum, Fichte, Hainbuche, Heidelbeere, Himbeere, Kiefer, Lärche, Mistel, Seidelbast, Stechpalme, Tanne und Wacholder.

DRW-Verlag Weinbrenner GmbH & Co.
ISBN 3-87181-381-8

DRW-Bücher – eine Auswahl

Württemberger Wein. Landschaft, Geschichte, Kultur. Von Carlheinz Gräter. 324 Seiten mit 100 Abb. Eine einzigartige Gesamtdarstellung von Weinbau und Weinkultur in Württemberg: Über rund zwei Jahrtausende verfolgt der Autor die Wirkungsgeschichte des »Württembergers« im Hauptteil des Werkes.

Badischer Wein. Landschaft, Geschichte, Kultur. Von Carlheinz Gräter. 320 Seiten mit 93 Abb. Eine aktualisierte und historisch fundierte Gesamtschau zu Weinbau und Weinkultur zwischen Main und Bodensee.

Württemberg und Russland. Geschichte einer Beziehung. Von Susanne Dieterich. 216 Seiten mit 58 Abb. Vielgestaltig waren und sind die Verbindungen zwischen Württemberg und Rußland, spannend die Geschichten, die sich dahinter verbergen.

Liebesgunst. Mätressen an Württembergs Höfen des 17. und 18. Jhds. Von Susanne Dieterich. 176 Seiten mit 33 Abb.

Auf Spurensuche. Der Bauernkrieg in Südwestdeutschland. Von Klaus Herrmann. 220 Seiten mit 77 Fotos und historischen Abb. Die spannende Spurensuche nach Zeugnissen des Bauernaufstandes in Südwestdeutschland. Dem Leser eröffnet sich ein denkwürdiges Kapitel Landesgeschichte.

Ein Mann namens Ulrich. Württembergs verehrter und gehaßter Herzog in seiner Zeit. Von Werner Frasch. 288 Seiten mit 60 Abb. Eine mit gründlicher Sachkenntnis und Liebe zum Detail geschriebene Biographie.

Sperrige Landsleute. Wilhelm I. und der Weg zum modernen Württemberg. Von Karl Moersch. 272 Seiten mit 50 historischen Abb. Württemberg im 19. Jhd. – ein landesgeschichtliches Porträt oder der Aufbruch zum modernen Staat.

Der gelernte König. Wilhelm II. von Württemberg – ein Porträt in Geschichten. Von Anni Willmann. 160 Seiten, zeitgenössisch illustriert.

Durchs Holzauge betrachtet. Das andere Holz ABC. Von Robert Matzek. 2 Bände mit 96 bzw. 104 Seiten und 40 bzw. 30 Abb. Eine amüsante Lektüre mit Informationen, wie sie nicht im Lexikon stehen.